Robert A. Johnson · *Ekstase*

Robert A. Johnson

EKSTASE

Eine Psychologie der Lebenslust

Kösel

Übersetzung aus dem Amerikanischen: Karin Petersen, Berlin.
Die Originalausgabe erschien unter dem Titel »Ecstasy. Understanding the Psychology of Joy« bei Harper & Row, Publishers, Inc., San Francisco.

ISBN 3-466-34266-X

Published by arrangement with Harper & Row, Publishers, Inc.
Printed in Germany. Alle Rechte vorbehalten.
Druck und Bindung: Kösel, Kempten.
Umschlag: Elisabeth Petersen, Glonn.

1 2 3 4 5 6 · 96 95 94 93 92 91

Für Beatrice Burch, in deren abgelegenem Haus
dieses Buch Form annahm

Inhalt

Die Welten von Psychologie und Mythos

Die Vielzahl der Götter entspricht der Vielzahl der Menschen.

C.G. Jung[1]

Ekstase. Einst wurde sie als Gunst der Götter betrachtet, als göttliches Geschenk, das die Sterblichen aus der gewöhnlichen Realität in eine höhere Welt erheben konnte. Das transformierende Feuer der Ekstase vermag die Grenzen zwischen uns und unserer Seele wegzubrennen und uns ein tieferes Verständnis für unsere Beziehung zu uns selbst und zum Universum zu schenken.

Die große Tragödie der gegenwärtigen westlichen Gesellschaft besteht darin, daß wir die Fähigkeit, die transformierende Macht von Ekstase und Freude zu erfahren, praktisch verloren haben. Dieser Verlust beeinträchtigt jeden Aspekt unseres Lebens. Wir suchen überall nach Ekstase und mögen kurzfristig immer wieder glauben, sie gefunden zu haben. Aber auf einer viel tieferen Ebene bleiben wir unerfüllt.

Unsere materialistische Gesellschaft bringt uns bei, daß die einzige Realität die ist, die wir sehen und greifen können, und nur das für uns Wert hat, was wir »zur Bank tragen« können. Unser Geist aber braucht nach wie vor Nahrung. Da wir jedoch die innere Erfahrung von göttlicher Ekstase aus unserem Leben verbannt haben, können wir nur nach ihrer äußeren Entsprechung Ausschau halten. Und ganz gleich wie angestrengt wir auch suchen oder wie viele mäßig ekstatische Erfahrungen wir ansammeln, uns verlangt nach mehr.

Dieses Verlangen hat zu einem Symptom geführt, das für unsere Zeit höchst charakteristisch ist: zum Suchtverhalten. Für so viele von uns spielt die Sucht im Leben eine Rolle – und wenn nicht in unserem eigenen, dann in dem von Verwandten, Freunden oder Prominenten. Erkennen Sie sich in folgenden Beschreibungen wieder? Die erfolgreichen jungen Unternehmer, die glauben, Kokain für den wettbewerbsfähigen Schliff zu brauchen; die Supermütter, die keinen Tag ohne Beruhigungsmittel durchstehen können; die ständig unter Druck stehenden Manager, die jeden Abend nach der Arbeit zwei, drei Drinks brauchen, um abzuschalten; die kleinen Kinder, die Händlerdrogen ausprobieren, weil sie bereits vom Gefühlsbankrott unserer Gesellschaft in Mitleidenschaft gezogen wurden; die Studenten, die Partys nur besuchen, um sich zu betrinken oder »stoned« zu werden; die gefährlichen Raser, die ohne den Rausch nach Geschwindigkeit nicht auskommen; die Börsenmakler, die auf dem Aktienmarkt illegale Geschäfte betreiben, weil sie süchtig nach dem Kitzel des Geldverdienens sind; die Dauersingles, die von Partner zu Partner wechseln und deren Sucht dem ersten Brennen romantischer Liebe gilt.

Sucht ist die negative Seite der spirituellen Suche. Wir suchen nach geistigen Freuden; aber statt Befriedigung zu finden, erfahren wir einen kurzlebigen physischen Kitzel, der die chronisch nagende Leere niemals füllen kann, von der wir uns ständig bedroht fühlen.

Um diese Leere auszufüllen, müssen wir wieder mit der Fähigkeit zu Ekstase in Kontakt kommen, die in uns ruht. Unser erster Schritt muß darin bestehen, daß wir versuchen, das Wesen von Ekstase zu verstehen.

Zur Erhellung psychologischer Prozesse können wir häufig Mythen heranziehen. So habe ich etwa in meinem Buch *Der Mann. Die Frau*[2] die männliche Psychologie anhand der Sage von Parzival und dem Gral betrachtet; in *Traumvorstellung*

Liebe[3] habe ich die romantische Liebe am Beispiel der Geschichte von Tristan und Isolde abgehandelt. Das vorliegende Buch geht dem Wesen von Ekstase anhand des Mythos von Dionysos nach.

Im Alten Griechenland war Dionysos der Gott des Weines und der Ekstase. Der Dionysos-Mythos und der Aufstieg und Fall seines Kultes geben vielleicht am besten Aufschluß über unseren Verlust der ekstastischen Erfahrung.

Im ersten Teil dieses Buches wird die Bedeutung des dionysischen Archetyps der Ekstase herausgestellt sowie der Frage nachgegangen, was dessen Verlust für uns bedeutet. Im zweiten Teil werden Möglichkeiten aufgezeigt, die wir erkunden können, um die wahre Freude, die unser Geburtsrecht ist, zurückzugewinnen und zum Ausdruck zu bringen.

Archetypen: Entwürfe für menschliches Verhalten

Die Welt der Alten Griechen wurde durch deren Götter geprägt und bestimmt. In den legendären Taten der Götter und Göttinnen sahen sie die Dramen ihres täglichen Lebens. Heute scheinen die Götter des Olymps wenig Bedeutung zu haben. Unser Welt befindet sich eher auf der Ebene des Menschen, der von psychologischen Kräften geformt wird. Für uns ist der Olymp einfach ein Berg.

Aber die Tatsache, daß es das Olympische Reich, in dem wir die Götter suchen können, für uns nicht mehr gibt, bedeutet nicht, daß diese aufgehört haben zu existieren. Die Kräfte, die sie repräsentieren, drücken sich in der Art und Weise aus, die für uns heute am verständlichsten ist: als psychologische Verhaltensweisen.

Der Psychologe Carl Gustav Jung vertrat die Ansicht, daß, da wir nicht mehr an die Realität des Olymps glauben, die alten griechischen Götter für uns Menschen heute als Symptome

Der jugendliche Dionysos (Bronze-Statue, aus Olympia, ca. 460/450 v. Chr.).

fortleben. Wir haben nicht mehr den Donnerkeil des Zeus, wir haben Kopfschmerzen. Wir verfügen nicht mehr über die Liebespfeile des Eros, wir haben Angina. Wir erleben nicht mehr die göttliche Ekstase des Dionysos, wir zeigen Suchtverhalten. Obwohl wir die Götter nicht mehr anerkennen, erfahren wir ihre mächtigen Kräfte.

Jung nannte die Kräfte, die hinter diesen Symptomen stehen *Archetypen* – was wörtlich »ursprüngliche Muster« bedeutet –, Entwürfe für die grundlegenden menschlichen Antriebe und Eigenschaften, die uns allen gemeinsam sind. Wir neigen dazu, uns für einzigartige menschliche Individuen zu halten, und in weitem Ausmaß sind wir das auch. Aber wir bergen außerdem in den tiefsten Schichten unseres Selbst auch eine Vielzahl dieser Antriebe und Verhaltensweisen, die jeder von uns auf seine Weise zum Ausdruck bringt.

Dem Ausdruck von Archetypen begegnen wir jeden Tag. So können wir zum Beispiel von einer bestimmten Frau sagen, sie sei »wirklich eine Erdenmutter«, weil sie viel Zuwendung gibt, sich liebevoll verhält und mit beiden Beinen auf dem Boden steht. Oder wir sagen von einem aggressiven Macho-Mann: »Der hält sich wohl für ›Superman‹«. Diese Archetypen eignen sich für uns gut als Beschreibungen von Verhaltensweisen. Wir verstehen sofort, was damit gemeint ist.

Jung hielt die griechischen Götter für perfekte Archetypen, weil ihre Erscheinungsform ausgeprägt und ihr Verhalten voraussagbar war. Sie verhielten sich niemals atypisch. Zeus zum Beispiel, der Hauptgott des Olymps, verliebte sich immer und ewig. Seine Frau Hera, die Göttin der Ehe, war ständig eifersüchtig, rachgierig und gehässig. Es hätte völlig gegen ihren Charakter verstoßen, wenn sie Zeus oder einer seiner Geliebten vergeben hätte. Statt dessen ist Hera immer dabei, unbarmherzige Rachefeldzüge zu ersinnen, zu planen und auszuführen. Sie verkörpert den Archetyp der eifersüchtigen Ehefrau.

13

Die grundlegenden Formen und Muster menschlichen Verhaltens verändern sich nicht, sondern kleiden sich in das Gewand und die Sitten bestimmter Zeiten und Regionen. Im Westen finden wir psychologische Archetypen zum Beispiel oft in unseren Filmidolen wieder – Marilyn Monroe als Göttin der Liebe, Venus oder Aphrodite; John Wayne als Kriegsgott, Aries oder Mars. Wir können versuchen, diese Archetypen zu verdrängen und sie in den Untergrund zu verbannen, aber früher oder später werden sie wieder auftauchen. Sie können in ungewöhnlicher Form wiederkommen, werden aber von derselben archetypischen Energie angetrieben.

Mythen und das kollektive Unbewußte

Viele moderne Menschen setzen Mythos mit Unwahrheit gleich. So meinte ein Mann, den ich kenne: »Mythen und Sagen sind das gleiche, nicht wahr? Außer daß Sagen ein Körnchen Wahrheit enthalten – einen John Apfelkern gab es wirklich –, und Mythen völlig unwahr sind.« Sehr viele Menschen in unserer Gesellschaft stimmen mit dieser Sicht überein. Für sie sind Mythen Geschichten, die von ausgestorbenen Kulturen stammen, von »primitiven« Menschen oder Kindern, ohne jede Beziehung zum Leben des modernen Erwachsenen. Sie haben damit sehr unrecht.

Tatsache ist, daß Mythen – wie wir noch sehen werden – in jeder Hinsicht mit unserem Leben zu tun haben, weil sie von Archetypen bevölkert werden. Wenn wir Mythen so lesen, wie Jung es tat, können wir deutlich sehen, wie unsere grundlegenden menschlichen Triebe miteinander agieren. Der Mythos wird dann zu einer Quelle reicher Einsichten in unsere psychologischen Motivationen.

Für viele Menschen haben Mythen die Qualität von Träumen. Beide sind voller phantastischer Ereignisse und Bilder, und beide übermitteln tiefe psychologische Wahrheiten. Träume schicken mit Hilfe von Symbolen Botschaften vom unbewußten ans bewußte Selbst. Auf die gleiche Weise ist ein Mythos eine Botschaft aus einer tieferen Schicht unserer Psyche, die wir mit unserer gesamten Kultur gemein haben. Jung nannte diese Schicht das kollektive Unbewußte. Wenn wir einen Traum verstehen, kommen wir mit einem verborgenen Teil von uns in Kontakt. Stoßen wir auf die innere Bedeutung eines Mythos, kommen wir mit der gesamten Menschheit in Berührung, weil jeder von uns an der reichen Bilderwelt des kollektiven Unbewußten teil hat.

Vielleicht hilft es Ihnen, sich das kollektive Unbewußte als ein großes Meer vorzustellen, aus dem wir alle geboren wurden. In diesem Meer leben die Gefühle, Ideen, Fähigkeiten, Verhaltensweisen, Fehler und Tugenden, über die wir uns als Persönlichkeit identifizieren; und aus diesem Meer wird jedes individuelle, bewußte Selbst, jedes Ego, jedes »Ich« geboren. Es ist wichtig, daß wir uns auch dann daran erinnern, daß wir eine gemeinsame psychologische Heimat haben, wenn wir uns ganz von anderen isoliert fühlen. Das kollektive Unbewußte ist die Quelle für unsere spirituelle und psychologische Nahrung, das Material, aus dem unser aller Innenleben gemacht ist. Jung sagte dazu:

Denn tatsächlich hat sich unser Bewußtsein nicht selbst erschaffen – es steigt aus unbekannten Tiefen auf. In der Kindheit erwacht es allmählich, und unser ganzes Leben lang wacht es jeden Morgen aus dem unbewußten Zustand der Tiefen des Schlafes auf. Es ist wie ein Kind, das aus dem ursprünglichen Mutterleib des Unbewußten täglich neu geboren wird.[4]

Über das Drama des Mythos und seine archetypischen Akteure können wir an der Weisheit des kollektiven Unbewußten teilhaben, die über die Jahrhunderte hinweg für uns bewahrt wurde.

Mit unserem Unbewußten kommunizieren

Wenn ein Mythos über das bloße Geschichtenerzählen hinausgeht und für uns wirklich lebendig wird, erfahren wir ein tiefes psychologisches Verstehen. Indem wir lernen, diese Archetypen zu identifizieren und als einen Prozeß zu verstehen, der in uns selbst abläuft, können wir zu wirklicher persönlicher Veränderung gelangen. Wenn wir anfangen, Mythen auf dieser tiefen Ebene zu verstehen, eröffnen wir die Kommunikation zwischen unserem bewußten und unserem unbewußten Selbst, gewinnen dadurch wichtige Einsichten und bereichern unser Leben.

Wie kommunizieren diese zwei sehr verschiedenen Formen des Selbst miteinander? Jung beobachtete einmal, daß das Ich zum kollektiven Unbewußten im gleichen Verhältnis steht wie ein Korken zum Ozean, auf dem er schwimmt, mit einer wichtigen Ausnahme: *Das Ich hat Bewußtsein.* Es kann einen Dialog mit dem Unbewußten führen. Mit diesem Dialog können wir einen ersten Schritt in Richtung Ganzheit tun.

Wenn wir die Absicht haben, unser unbewußtes und unser bewußtes Selbst wieder zusammenzuführen, müssen wir beiden den gleichen Respekt einräumen. Es ist nicht nötig, daß wir unser Ich »umbringen« oder die Energie der archetypischen Kräfte unterdrücken. Wir müssen einfach versuchen, die Archetypen zu verstehen, um mit ihnen auf unsere eigene einzigartige Weise in Berührung zu kommen und ihnen Ausdruck zu verleihen.

Laut Jung hat das Ich eine große und wichtige Aufgabe: Hilfe zu leisten bei der Integration der bewußten und unbewußten Bereiche zu einer Einheit. Es ist nicht das Schicksal des Ich, im Meer des Unbewußten zu ertrinken, und es ist auch nicht seine Bestimmung, das Meer auszutrocknen, als wäre es eine Badewanne, und über alles zu regieren. Wenn wir der wachen

Realität und der mythischen Realität gleichermaßen Achtung erweisen, können wir anfangen, uns selbst wirklich zu verstehen und kennenzulernen.

In der Welt des Mythos leben

Es ist für den zeitgenössischen westlichen Menschen nicht einfach, die Gültigkeit der mythischen Welt anzuerkennen. Wir sind so daran gewöhnt, Mythen für Phantasie zu halten, daß wir Menschen, für die Mythen ein integraler Bestandteil ihres Lebens sind und waren, oft verunglimpfen. Wir tendieren dazu, solche Menschen für unwissend und kindisch zu halten und zu denken, daß sie das physische Universum nicht verstehen.

Daß Mythos und Märchen in die Kindheit verwiesen werden, ist ein relativ junges Phänomen. Vor dem zwanzigsten Jahrhundert gehörten Mythen und Märchen zum Weisheitsfundus ganzer Kulturen. Die Menschen in solchen Gesellschaften hatten ein tiefes Wissen um und Respekt vor den psychologischen Kräften, die diese Geschichten symbolisieren, und dieses Verständnis versetzte sie in die Lage, in ihrem täglichen Leben eine lebendige spirituelle Dimension zu erfahren.

Für die Alten Griechen waren die Götter real. Ein Grieche, der einen Blitz sah, wurde an Zeus und damit an ein anderes, simultanes Realitätssystem erinnert. Wenn wir dagegen einen Blitz sehen, ist das für uns ein Wetterphänomen, das uns vielleicht daran erinnert, uns den Wetterbericht im Anschluß an die Tagesschau anzuschauen! Diese Sicht beeinflußt sämtliche Aspekte des Lebens. Stammesmitglieder, die eine Dürre erleben, werden als erstes daran denken, sich an die Kräfte der Natur zu wenden, indem sie zum Regengott beten, der vermutlich hinter den Wolken lebt. Wir dagegen fliegen vielleicht mit einem kleinen Flugzeug in den Himmel, impfen die Wolken und rufen den Regen selbst hervor. Die Stammesmitglieder werden mit aller Macht versuchen, den Wechsel auf einer unbewußten Ebene zu bewirken. Ein moderner Mensch wird das Unbewußte völlig umgehen, weil es für ihn nicht »real« ist. Die Folge ist, daß wir dazu neigen, Veränderungen vorzunehmen, die vielleicht zweckmäßig, aber nicht unbedingt besonnen sind. Weil wir von unseren eigenen unmittelbaren Bedürfnissen ausgehen und nicht von den Bedürfnissen des gesamten Systems, haben wir keinerlei Vorstellung davon, welche unbewußten Kräfte wir in Bewegung setzen und wie die längerfristigen Konsequenzen unserer Handlungen aussehen werden.

Um diesen Fehler zu korrigieren, müssen wir den Mythos wieder zu einem Thema machen, das dem erwachsenen Denken angemessen ist. Wir müssen lernen, der inneren Welt, die im Mythos beschrieben wird, den gleichen Respekt zukommen zu lassen, den wir der äußeren Welt, wie sie die Wissenschaft beschreibt, gewähren. Wenn wir den Mythos als ein lebendiges Bild unserer inneren Welt verstehen und annehmen können, sind wir auf dem Weg zu wirklichen Veränderungen.

TEIL I

Ekstase:
Die Psychologie der Freude verstehen

Freude schöner Götterfunken,
Tochter aus Elisium,
Wir betreten feuertrunken
Himmlische, dein Heiligtum.
Deine Zauber binden wieder,
was der Mode Schwerd getheilt;
Bettler werden Fürstenbrüder,
wo dein sanfter Flügel weilt.

Schiller, An die Freude

Ekstase – die dionysische Erfahrung – mag dem Intellekt fremd sein. Aber im ekstatischen Ausdruck werden wir einen lange vergessenen Teil von uns erkennen, der uns wirklich lebendig macht und mit allem Leben verbindet. Im griechischen Mythos repräsentiert Dionysos diesen Teil von uns.

Denken Sie bei der Lektüre des Mythos von Dionysos im nächsten Kapitel daran, daß er ein Bild für die Kräfte, Verhaltensweisen und Instinkte ist, die unsere innere Welt formen. Dionysos ist eine komplexe Gestalt, die in der Interaktion mit der rationalen Welt der Regeln und Begrenzungen die irrationale Welt unserer Sinne symbolisiert.

Halb Mensch, halb Gott, weist Dionysos mehr Erscheinungsformen, mehr Manifestationen auf als irgendein anderer Gott. Er konnte sich von einem Löwen in einen Hirschen, einen Ziegenbock, einen Panther, einen Menschen und einen Gott verwandeln. Dynamisch, mächtig und ständig sich wandelnd, sind all diese Manifestationen gültige Repräsentationen des Archtyps. Im Mythos werden Sie vielen Aspekten von Dionysos begegnen: Dionysos als Personifizierung göttli-

21

cher Ekstase, die übersinnliche Freude oder Verrücktheit bringen kann; Dionysos, der Ziegenbock – der launenhafte, unberechenbare Kitzel einer Freude, die uns dazu bringt, Lüftsprünge zu machen und unsere Hacken zusammenzuschlagen; Dionysos, die Personifizierung des Weines und seiner Gabe, uns zu spiritueller Transzendenz oder körperlicher Sucht zu führen.

Sie haben gar nicht so unrecht, wenn Ihnen all das für den »gewöhnlichen« griechischen Gott nicht typisch vorkommt. Der dynamische, lebhafte Dionysos war einzigartig unter den Bewohnern des Olymps:

Im Gegensatz zur matriarchalen Mysterien-Gottheit ist es für den patriarchalen olympischen Gott charakteristisch, daß seine Gestalt eindeutig festgelegt und immer eine Menschengestalt ist. Der olympische Gott ist seiner tierischen Erscheinungsformen und seiner magischen Fähigkeit, sich von einer Energieform in eine andere umzuwandeln, verlustig gegangen. Der olympische Gott ist eine idealisierte, entrückte, vom Tod nicht berührte Figur, die deshalb schließlich langweilig, steril und ausdruckslos bleibt. Er verkörpert eine statische Perfektion in Menschengestalt, unfähig zu Entwicklung und Veränderung; eine reine Kopfgeburt. Der Energieaustausch zwischen allen Lebewesen und ihrer magisch sich formverändernden Gottheit ist verloren gegangen. Der mystische Kraftstrom ist unterbrochen: Gott ist nur noch ein Begriff und Seine Welt nichts als ein mechanisches Getriebe.[5]

Mit alledem als Hintergrund lassen Sie uns den Dionysos-Mythos lesen. Wenn Sie die Geschichte seiner Geburt hören, werden Sie sich fragen, wie er denn überhaupt jemals überleben konnte.

1. Der Dionysos-Mythos

Ins Land der Theber kam ich hier, der Sohn des Zeus,
Dionysos, den einst Kadmos Tochter, Semele,
Umflammt von heller Blitze Glut, geboren hat.
In Menschenbildung wandelt' ich die Gottgestalt...

Euripides, Die Bacchantinnen

Kein anderer Grieche kam so auf die Welt wie Dionysos. Sein Vater war Zeus, dessen Name »Himmelslicht« bedeutet. Als Herr des Himmels und Gott des Blitzes und des Donners war Zeus der mächtigste unter allen Göttern des Olymps. Er liebte die Frauen, sterbliche wie unsterbliche, und hatte viele Liebesaffären. Seine Frau, die Göttin Hera, war natürlich ärgerlich und eifersüchtig. Sie suchte ewig und immer an Zeus Rache zu nehmen wegen seiner vielen Affären – und als verhöhnte Göttin hatte sie in der Tat eine mächtige Wut in sich!

Aus dem Feuer geboren[6]

Eines Tages reiste Zeus auf der Erde. Er trug eine Verkleidung, denn war er unverkleidet, konnte kein Sterblicher ihn anschauen und am Leben bleiben. Er kam nach Theben, einer alten Stadt in Griechenland, wo er sich hoffnungslos in Semele, die Tochter des König Kadmos, verliebte. Die Leidenschaft zwischen beiden war groß, und schon bald wurde sie schwanger.

Semele wünschte sich nichts dringender, als ihrem Liebsten

23

in die wahren Augen zu sehen. Sie wurde überdies von ihrer Amme gnadenlos dazu gedrängt – und diese nun war die hinterhältige Hera, die sich verkleidet hatte. Schließlich konnte Semele es nicht länger aushalten. Sie bat Zeus, ihr eine Gunst zu gewähren. Zeus war guter Laune, und er liebte die junge Frau. Törichterweise schwor er einen nicht aufhebbaren Eid auf den Fluß Styx, daß sie haben könne, was immer sie begehrte.

Als die unschuldige Semele bat, den Gott des Blitzes in seiner wahren Pracht sehen zu dürfen, war Zeus entsetzt. Er wußte, daß der Anblick seiner Göttlichkeit ihren sicheren Tod bedeutete.

»Nein!« schrie er verzweifelt. »Alles, nur nicht das. Du weißt nicht, um was du mich bittest.« Aber sie blieb beharrlich, und traurig löste Zeus sein Versprechen ein. Als er seine Verkleidung abwarf und seinen feurigen Glanz enthüllte, wurde die unglückselige Semele fast völlig verbrannt. Nur ihr Unterleib, den sie mit Efeu umhüllt hatte, entkam den Flammen. (Efeu gilt als das einzige auf Erden, was gegen den hellen Glanz des Gottes unempfindlich ist.)

Zeus raste vor Zorn. Schnell riß er den Fötus aus dem Unterleib, schnitt seinen eigenen Schenkel auf und stopfte das Kind hinein. Dort wuchs das Kind weiter heran. Als die Schwangerschaft beendet war, gebar Zeus den Kindgott Dionysos.

Dieses Kind des Feuers war eine brandneue Kraft, mit der man sich auseinandersetzen mußte. Selbst den Titanen – die mächtigen ersten Götter der Erde, die die instinktiven, männlichen Qualitäten repräsentierten – zitterten die Knie. Sie rissen den Säugling brutal in Stücke und kochten ihn obendrein. Sie würden nicht zulassen, daß so etwas die Welt betrat! Aber Dionysos blieb nicht tot. Ein Granatapfelbaum, Symbol der Fruchtbarkeit, sproß dort aus dem Boden, wo ein Tropfen seines Blutes hingespritzt war, und Rhea, die Mutter des

Die zweite Geburt des Dionysos: aus dem Schenkel des Zeus. Vor ihm steht Hermes, der das Kind zu den Nymphen des Nysa-Gebirges bringen wird. (Salbgefäß aus Ton, Ausschnitt, um 460 v. Chr.)

Zeus, machte Dionysos wieder ganz. Auf diese Weise wurde der junge Gott dreimal geboren: einmal aus dem Leib seiner sterblichen Mutter, einmal aus dem Schenkel seines unsterblichen Vaters und einmal aus der Weisheit der Erde, repräsentiert durch seine Großmutter. Man fragt sich, was für einen Gott wir bei solch einem Start da wohl vor uns haben!

Der junge Gott

Semeles Schwester Ino und ihr Mann Athamas zogen den Säugling Dionysos als Mädchen groß, damit Hera ihn nicht erkannte. Aber die Göttin ließ sich nicht täuschen und machte die Tante und den Onkel mit ihrem rasenden Zorn verrückt.

Zeus handelte schnell. Er wies den Götterboten Hermes an, Dionysos vorübergehend in eine junge Ziege zu verwandeln und ihn zu dem schönen Berg Nysa zu bringen. Dort würde er heimlich von den Nymphen großgezogen werden, den fröhlichen weiblichen Geistern der Wälder und Berge.

Die Nymphen liebten ihren jungen Zögling. Sie brachten ihn in einer Höhle unter und fütterten ihn mit Honig. Dionysos verbrachte seine Kindheit, indem er fröhlich und frei auf den Berghängen herumsprang und umgeben vom Segen der Natur die sinnlichen Genüsse der Erde kennenlernte. Er hatte zahlreiche unterschiedliche Lehrer: die Musen inspirierten ihn mit Poesie und Musik; die Satyrn, halb Mensch, halb Ziege, brachten ihm die Wunder des Tanzes und einer ausgelassenen Sexualität bei; die Silene, halb Pferd, halb Mensch, Geister der Quellen und Flüsse, lehrten ihn Weisheit; Silenos, der freudetrunkene alte Mann, der Vorgänger von Dionysos, brachte dem jungen Gott Tugend bei.

Für Dionysos vergingen die Jahre glücklich, während er vieles lernte. Wie die Weintraube, die nur in der intensiven Hitze der Sonne und der Feuchtigkeit des Frühlingsregens wachsen kann, war Dionysos aus dem Feuer geboren und von den Regenfällen des Berges genährt worden. Ihm war die Kraft des Weines vollkommen vertraut, und den Übergang vom Kind zum jungen Gott markierte er, indem er die Art der Weinherstellung erfand (manche sagen, er habe sie von Silenos gelernt), die der Menschheit soviel Freude und Verzweiflung bringen sollte.

Schließlich stand Dionysos als entpuppter Gott da. Genau darauf hatte die ewig rachsüchtige Hera gewartet. Als sie Dionysos schließlich erkannte, verhängte sie den Fluch des Wahnsinns über ihn.

Die Reisen des Dionysos

Der wahnsinnige Dionysos verließ sein Zuhause auf dem Berg Nysa und begann in der Welt umherzureisen. So verrückt wie er war, war Dionysos doch immer noch ein mächtiger Gott. Wo er auch hinkam, verbreitete er die Kunst der Weinherstellung und seinen eigenen Kult.

Er wurde von einer aufsehenerregenden Schar von Anhängern begleitet: sein Erzieher, der fette alte Trinker Silenos, ritt schwankend auf einem Esel; grinsende Satyrn, fröhliche Nymphen, tänzelnde Zentauren und andere Waldgeister tollten und tanzten mit. Als menschliche Anhänger begleiteten ihn die Mänaden. Diese wilden Frauen der Berge, Eingeweihte der uralten Frauenmysterien, verehrten ihren Gott mit Liedern, Tänzen und blutigen Festmahlen. Sie alle zusammen durchzogen die Alte Welt mit einem Schwall wilden und fröhlichen Feierns.

Gerade zur richtigen Zeit befreite Rhea den jungen Gott von seinem Wahnsinn und initiierte ihn in ihre Mysterien, die

Der alte Silen mit dem Dionysoskind (Marmorstatue, Detail, römische Kopie nach einem Vorbild des 3. Jh. v. Chr.).

geheimen Mysterien der Frauen. Jetzt besaß Dionysos eine Macht ohnegleichen.

Wo immer Dionysos hinkam, lud er Menschen ein, an seiner Feier teilzunehmen. Eines wurde sehr bald klar: Wer beschloß, ihn zu verehren, erfuhr göttliche Ekstase; wer gegen ihn war, wählte den Wahnsinn.

Vor allem die Könige neigten dazu, sich gegen Dionysos zu wenden, schien doch dieser das reine Gegenteil von Gesetz und Ordnung darzustellen. Als Dionysos in Thrakien einfiel (ein Gebiet, das heute zwischen Griechenland und der Türkei aufgeteilt ist), kämpfte König Lykurgos heftig gegen ihn und nahm die Armee des Gottes gefangen. Dionysos floh und verbarg sich zusammen mit Thetis, einer Meeresnymphe, tief unter dem Meeresspiegel.

Rhea verhängte Wahnsinn über Lykurgos, und der rasende König hackte seinen Sohn Dryas tot, in dem Glauben, dieser sei eine Weintraube. Die Erde Thrakiens selbst wich vor Entsetzen zurück und wurde unfruchtbar.

In diesem Augenblick tauchte Dionysos triumphierend aus dem Meer wieder auf und verkündete, daß Thrakien nicht eher wieder gedeihen würde, bis Lykurgos getötet war. Das Volk von Thrakien eilte zusammen, um zu gehorchen. Es band Pferde an Armen und Beinen des Königs fest, die ihm die Glieder einzeln ausrissen.

König Pentheus von Theben – Dionysos eigenem Vetter – erging es nicht besser. Dionysos forderte die Frauen von Theben auf, sich seinem Kult anzuschließen, und rief sich selbst als neuen Gott aus. König Pentheus fühlte sich von dieser wilden Bande angegriffen und gab Befehl, Dionysos und seine Anhänger einzusperren.

Tiresias, der alte blinde Prophet, der um den Willen der Götter wußte, warnte Pentheus mit dem Hinweis, daß Dionysos genau der sei, als der er sich ausgab: ein neuer und wichtiger Gott. Aber Pentheus verhöhnte Tiresias und weigerte sich, Dionysos anzuerkennen.

Den Männern des Königs war es nicht möglich, den Gott und seine Anhänger gefangenzunehmen, und Dionysos und seine wilde Bande von Feiernden entkamen in die Berge.

Pentheus verfolgte sie in blinder Raserei, begleitet von vielen Frauen aus Theben – darunter seine eigene Mutter und

Tanten. Die Frauen wurden wahnsinnig und rissen Pentheus, den sie für ein wildes Tier hielten, in einem Anfall von Blutrausch in Stücke.

Es war mit Sicherheit unklug, sich zu weigern, Dionysos anzubeten. Als drei junge Frauen aus Orchomenos sein Angebot ablehnten, machte er sie wahnsinnig, indem er abwechselnd die Gestalt eines Mädchens, eines Löwen, eines Stiers und eines Panthers annahm. Schließlich wurden die Frauen selbst in Vögel verwandelt.

In einer anderen Verwandlungsgeschichte zeigte Dionysos eine weitere Facette seiner Macht. Eines Tages erspähten Piraten, die in der Nähe von Griechenland segelten, einen jungen Mann, der am Strand saß. Er war so stattlich, daß sie dachten, er müsse ein Edelmann und damit ein gewaltiges Lösegeld wert sein. Von Gier erfüllt, fingen sie ihn und brachten ihn an Bord.

Sie versuchten ihn anzubinden, damit er nicht entkäme, mußten aber – wie vor ihnen schon Pentheus – feststellen, daß die Knoten ihrer Seile nicht hielten. Nur ein Mannschaftsmitglied, der Steuermann, erkannte, daß sie einen Gott gefangengenommen haben mußten. Er bat die anderen dringend, den Gefangenen gehen zu lassen. Aber der Rest der Mannschaft lehnte das ab.

Dann geschah etwas Außergewöhnliches. Der Wind blies und blähte die Segel, aber das Schiff bewegte sich nicht von der Stelle. Es war ein erschreckender und zugleich großartiger Augenblick, als sich plötzlich Ströme von Wein über das Deck ergossen, Weintrauben in wilder Üppigkeit am Segel emporwuchsen und Efeu mit Früchten und Blüten sich um den Mast wand. Dionysos verwandelte sich in einen Löwen. Die entsetzten Mannschaftsmitglieder sprangen über Bord und wurden mitten in der Luft in Delphine verwandelt. Nur der Steuermann, der den Gott erkannt hatte, wurde verschont. Dionysos segelte weiter in den Gewässern um Griechenland.

Dionysos im Schiff (Trinkschale, Exekias, 6. Jh. n. Chr.).

Eines Tages fand er auf der Insel Naxos Ariadne, die Tochter des König Minos von Kreta. Die schöne junge Frau war von ihrem Ehemann, Theseus, verlassen worden. Ariadne und Dionysos verliebten sich ineinander und heirateten bald, und die Götter kamen zu ihrer Hochzeit. Ihre Ehe war die vollkommene Verbindung. Sie stritten sich nie und hatten viele Kinder. Schließlich jedoch starb die sterbliche Ariadne. Zum Gedenken an sie stellte Dionysos ihre Krone mitten unter die Sterne, wo sie noch heute als Corona Borealis zu sehen ist.

Dionysos auf dem Olymp

Die Geschichten von dionysischer Ekstase und Wahnsinn verbreiteten sich in der ganzen Welt, und schon bald wurde Dionysos Macht in Asien wie in Afrika und Europa anerkannt. Schließlich stieg Hestia, die ehrwürdige und geachtete Göttin der Feuerstellen, hinab und trat ihren Sitz auf dem Olymp an ihn ab. Von nun an saß er hier zur Rechten seines Vaters Zeus.

Sich geliebt fühlend und schließlich doch auf dem Olymp eingezogen, war Dionysos glücklich. Nur eines trübte sein Glück: Er wollte seine Mutter sehen, die er niemals gekannt hatte. Er beschloß, noch eine letzte Reise zu unternehmen.

Dem Tode trotzend, errettete er Semele aus der Unterwelt und brachte sie auf den Olymp, damit sie dort mit den Unsterblichen zusammenlebte. Er gab ihr den neuen Namen Thyone, was »Ekstase« heißt.

Hier endet die offizielle Version des Mythos. Aber Dionysos lebte von nun an nicht glücklich bis in alle Ewigkeit. Er wurde später von sterblichen Politikern aus dem Olymp verstoßen und von Römern, Juden und Christen gleichermaßen unterdrückt.

In das Reich von Traum und Mythos verbannt, kehrt seine Energie heute wieder in unser Bewußtsein zurück. Wenn wir Dionysos mit Offenheit begegnen und ihn verstehen, können wir diese archetypische Macht dazu nutzen, unser Leben zu verwandeln.

2. Was ist Ekstase?

> *»Ekstase ist überhaupt nicht das richtige Wort«, sagte*
> *der Schwager, der darüber nachgedacht hatte. »Denn*
> *dabei denkt man an irgendeine Form von … weltli-*
> *cher Ekstase.«*
>
> Joan Didion[7]

Dionysos wurde als der wichtigste unter den griechischen Göttern bezeichnet. Er ist mit Sicherheit derjenige, der am häufigsten mißverstanden wurde! Allein die Fülle seiner Namen und Eigenschaften erschwert ein unmittelbares Verständnis. Er wird der Gott des Weines, der Gott der Zügellosigkeit, der große Befreier, der Gott der Ekstase genannt. Er repräsentiert die ständige Wiedergeburt des Lebens im Frühling, die irrationale Weisheit der Sinne, die Transzendenz der Seele.

Er ist kein einfacher, donnernder Himmelsgott wie Zeus oder ein Bote zwischen den Welten wie Hermes. Anders als die statischen, abstrakten Olympier verkörpert Dionysos die beständigen, unberechenbaren Veränderungen und Wandlungen der Natur. Wie der Wein wurde er aus dem Feuer geboren, in Stücke gerissen, und obwohl scheinbar tot doch ständig wiedergeboren. Eine tragische und heroische Figur zugleich, bringt er, wie der Wein, den er repräsentiert, den Menschen sowohl Wahnsinn als auch Ekstase.

Die westliche Zivilisation preist ein geordnetes Leben. Wir haben eine gesunde Skepsis entwickelt, die darauf beharrt, nur »an das zu glauben, was wir sehen«. Unsere Welt basiert auf Denken, Logik, Fortschritt und Erfolg, und innerhalb dieser Grenzen fühlen wir uns sicher. Aber heute erzählen uns sogar unsere Wissenschaftler, daß diese Grenzen illusionär sind. Die Quantenphysik zeigt »das tanzende Universum, den unaufhörlichen Energiefluß, der durch eine unendliche Vielzahl von Strukturen durchgeht, die ineinander verschmelzen«[8]. Das ist die dionysische Energie, der Tanz der Mänaden, die Lebenskraft, die uns alle durchströmt und mit Erde und Himmel verbindet.

Auch wenn Sie diese Kraft nicht als solche identifiziert haben, sind Sie wahrscheinlich in Ihrem Leben mit der dionysischen Energie bereits bewußt in Berührung gekommen: Wenn Sie einem geliebten Menschen in die Augen schauen und einen Moment lang fühlen, wie Liebe über Zeit und Raum hinausgeht; wenn Sie spontan laut in Freude ausbrechen und die positive, belebende Energie spüren, die jede Zelle Ihres Körpers auflädt. Leider verbringen wir soviel Zeit mit dem Versuch, die Welt und uns selbst intellektuell zu verstehen, daß wir uns praktisch von der spontanen, unschuldigen Erfahrung unseres emotionalen und irrationalen Wesens abgeschnitten haben. Wir haben fast vergessen, daß so etwas überhaupt existiert.

Dionysische Ekstase finden wir in der *sinnenfrohen* Welt, der Welt der Dichter, Künstler und Träumer, die uns das Leben des Geistes zeigen, wie es durch die Sinne wahrgenommen wird. Verwechseln Sie diese nicht mit der sinnlichen Welt, der materialistischen Welt von Genüssen, die völlig ohne Geist sind. Die sinnliche Welt ist diejenige, die uns überall umgibt: die Jagd nach Geld um des Geldes willen, die verzweifelte Suche nach schalen Vergnügungen. Die sinnenfrohe Welt ist voll von den üppigen Früchten der Natur, sie ist das göttliche Reich, der Garten der Götter. Wie wunderbar das ist! Wenn wir uns aus der geistlosen sinnlichen Welt in die sinnenfrohe Welt des Dionysos versetzen können, dann beginnt eine neue Ära in unserem Leben.

Die dionysische Sprache

Ein Teil unserer Schwierigkeiten, die dionysische Erfahrung zu verstehen, beruht auf den Worten, mit denen diese beschrieben wird. Lassen Sie uns versuchen, diese Sprache neu zu begreifen.

Irrational

Wir beschreiben Dionysos und seine Welt mit dem Begriff *irrational*, der gewöhnlich negativ bewertet wird. Im allgemeinen halten wir einen irrationalen Menschen für merkwürdig, exzentrisch oder geistig krank und finden eine irrationale Äußerung falsch. Aber ursprünglich bedeutet irrationales Wissen einfach ein Wissen, das wir durch unsere Sinne statt durch unsere rationalen Gedankenprozesse gewinnen. Die dionysische Sicht besteht darin, die Welt instinktiv wahrzunehmen, auf eine sinnliche, intuitive Weise statt abstrakt, logisch und mit Abstand.

Dionysisch

Allein das Adjektiv *dionysisch* weckt bei den meisten Menschen unangenehme Assoziationen. Wenn Sie hören, daß etwas als dionysisch bezeichnet wird, denken Sie dann für sich: »Ah, das ekstatische Prinzip! Die transzendente Natur der Seele!«? Wahrscheinlich nicht. Sicher reagieren Sie eher ungehalten: »Dionysisch? Was schlagen Sie mir denn da vor? Eine wilde Trinkorgie? Menschen, die sich die Kleider vom Leib zerren, sich besaufen, und jeder schläft mit jedem? Wollen Sie, daß ich an einem Abend meine Arbeitsstelle und meine Frau verliere?«

Orgie

Armer Dionysos! Seine Name ist wirklich in Verruf geraten. Die wenigsten Menschen wissen, daß das Wort *Orgie*, das dermaßen emotionale Reaktionen hervorruft, ursprünglich »rituelle Verehrung des Gottes Dionysos« bedeutete. Eine Orgie war kein weltlicher, sondern ein heiliger Ausdruck der Liebe zu Gott.

Ekstase und Freude

Im Westen ruft das Wort *Ekstase* wahrscheinlich Gedanken an irgendwelche x-beliebigen Filme hervor. Aber dieser so sehr mißverstandene Begriff hat die Wortwurzel *ex stasis* – »außerhalb von sich stehen«. Wenn ich sage: »Ich bin ekstatisch! Ich bin einfach außer mir!«, meine ich damit, daß ich von einer Emotion erfüllt bin, die über meinen Körper oder mein rationales Verständnis hinausgeht. Ich werde in ein anderes Reich befördert, in dem ich Ekstase erfahren kann. Wenn die Anhänger des Dionysos den Wein des Gottes tranken, traten sie für einen Augenblick aus ihrem täglichen Leben heraus und erlebten spirituelle Ekstase.

Ich bedaure, sagen zu müssen, daß wir heutzutage selten außer uns sind. Wir haben die Welt zu sehr verinnerlicht. Wir sind ständig am Arbeiten, Denken, Planen, Tun – was wir essen, wohin wir fahren sollen, wie wir für unsere Familien sorgen können und wen wir wählen sollen. Wieviel Verantwortung und Macht wir uns aufladen! Wir können das nicht lange ertragen, ohne auf die eine oder andere Weise zusammenzubrechen. Wir müssen auch einmal abschalten, diese ständige Willensstärke aufgeben; einen Augenblick lang ausruhen an diesem ursprünglichen Ort ohne Zeit und Raum, in dem es keine Verantwortung gibt, kein Ziel in irgendeine Richtung. Wir müssen »außer uns sein« und den Fluß des Lebens, die dionysische Energie spüren.

Freude ist ein weiteres dionysisches Attribut, das wir mit Erfolg verwässert haben. Wir hören das Wort in Weihnachtsliedern – »Freude für die Welt!«. Wir lesen es in Büchern – *Die Freude am Kochen, Die Freude am Sex.* Aber was bedeutet es wirklich? Ein Freund machte mir einmal ein großes Kompliment. »Robert«, sagte er, »du bist einer der wenigen Menschen, die ich kenne, die das Wort ›Freude‹ überhaupt benutzen.« Verblüfft entgegnete ich: »Ach?« Und damit war das Gespräch beendet. Aber er hatte meine Neugierde geweckt. Als ich über das Wort nachdachte, wurde mir klar, daß ich keine Vorstellung hatte, was es bedeutete. Also schnappte ich mir das Wörterbuch, wo ich wieder auf eine jener feinen Unterscheidungen von zwei Wörtern traf, die mir so wertvoll sind.

Zu meiner Überraschung fand ich heraus, daß »Glück« definiert wird als »zufälliges, schicksalhaftes Ereignis, abhängig von äußeren Umständen«. Das Wort »Freude« dagegen wird definiert als »Jubel des Geistes, Fröhlichkeit, Entzücken, himmlische oder paradiesische Seligkeit«. Das ist ein ziemlicher Unterschied! Glück ist immer kurzlebig. Wir jagen dieser Erfahrung ständig hinterher; wir denken, daß wir glücklich sein sollten – haben wir die Garantie auf das Streben nach Glück nicht schließlich im amerikanischen Grundgesetz verankert? Aber Glück ist eine Laune des Schicksals. Wir können kein Glück ewig halten.

Stellen Sie sich also folgende Frage: Wollen Sie ein Glück, das Schicksal ist oder auf zufälligen Umständen beruht? Oder wollen Sie Freude, die paradiesische Seligkeit? Beides liegt zwar nahe beieinander, doch der Unterschied ist ganz entscheidend: denn Freude suchen heißt, Dionysos suchen.

3. Aufstieg und Fall des Dionysos

*Der Mensch ist mit sich selbst beschäftigt und vergißt
den Fluß des Ganzen.*

Ezra Pound[9]

Wie haben wir Dionysos verloren? Psychologisch gesehen
stellt die Geschichte seines Verlustes den Triumph des Rationalen über das Irrationale dar, des Denkens über das Fühlen,
der konkreten »männlichen« Ideale von Macht, Aggression
und Fortschritt über immaterielle »weibliche« Werte wie
Empfänglichkeit, Wachstum und Zuwendung. Als die patriarchalischen Religionen an Macht gewannen, verschwand die
alte, matriarchalisch ausgerichtete Lebensweise des Dionysos
allmählich und ging schließlich ganz verloren.

Bereits im 13. Jahrhundert v.Chr. hatte sich die Verehrung
des Dionysos nach Europa und Asien ausgebreitet. Sein Kult
wurde offiziell Ende des 6. bis Anfang des 5. Jahrhunderts
v.Chr. anerkannt, als er Hestias Platz auf dem Olymp einnahm.

Die Alten Griechen feierten das Fest des Dionysos im Frühling, wenn der Wein gerade neue Blätter bekam. Es war ein
unvergleichliches Fest. Fünf Tage lang ruhten sämtliche Geschäfte. Niemand konnte eingesperrt werden, und manche
Gefangenen wurden sogar freigelassen. Am ungewöhnlichsten war vielleicht, daß seine Verehrung sich nicht auf ein
Tempelritual beschränkte. Statt dessen wurde er mit einem
heiligen Spiel geehrt. Dieser Feier von Dionysos Tod und
Wiederauferstehung verdanken wir das klassische griechi

sche Theater. Die fröhliche Feier seiner Wiederauferstehung war die Geburt der Komödie; aus der Trauer um seinen Tod – den Gesängen über das Opfer der symbolischen Ziege, die *tragoidia* oder der »Ziegengesang« – entstand die Tragödie.

Sein Ruhm sollte jedoch nicht von Dauer sein. Die patriarchalischen, gesetzlich verankerten Religionen der Römer, Juden und Christen, die den Griechen folgten, nahmen die irrationalen Possen und die Trunkenheit des Dionysos nicht freundlich auf.

Als die Römer die kapriziösen, ziegenähnlichen Qualitäten des Dionysos zu fassen bekamen, pervertierten sie diese schnell und völlig. Sie machten aus Dionysos Bacchus – das war nicht mehr der Gott des Weines, sondern der Gott der Trunkenheit. Etwa im Jahre 186 begannen die Römer Dionysos und seine Anhänger, die Bacchanten, die als Bedrohung für das römische System galten, systematisch zu verfolgen. Den Bacchanten wurde zur Last gelegt, daß sie unmoralisch und kriminell seien, und in einem Akt des Wahnsinns richtete die Regierung Tausende von unschuldigen Menschen hin. Schließlich verbot der römische Senat die Bacchusfeste – die früher dionysische Festlichkeiten gewesen waren –, und seitdem wurde Dionysos nicht mehr in kultivierter Gesellschaft gesehen.

An seiner Stelle bauten die Römer Apollo auf, den Gott des Lichtes, der zu bestimmten Zeiten in Delphi mit Dionysos gleichgestellt gewesen war. Apollo entwickelte sich allmählich zum Repräsentanten des analytischen Denkens und der Erhaltung von Recht und Ordnung. Der unberechenbare, irrationale, ekstatische Dionysos hatte in diesem Schema keinen Platz – tatsächlich war er zu dessen Feind geworden. Der Hauptgott, Apollo, befand sich jetzt wie die Sonne offiziell »dort oben« im Himmel. »Hier unten«, auf der Erde, war das Reich des Dionysos seiner Macht beraubt worden. Wie wir später noch sehen werden, erging es Dionysos bei den Juden oder den Christen, die sein Ziegenbildnis in das Gesicht des Teufels verwandelten, nicht viel besser.

Das ist die historische Version vom Aufstieg und Fall des Dionysos. Es gibt aber noch weitere Gründe für sein Verschwinden. Manchmal muß, aus psychologischen Gründen, eine Eigenschaft mißachtet werden, damit eine andere richtig Wurzeln fassen kann. Das gilt auch für Dionysos. Die kollektive menschliche Psyche mußte das Irrationale unterdrücken, ehe es ihr vollkommen aus der Hand glitt, um das Rationale wachsen lassen zu können. So sehr ich seinen Verlust auch spüre, glaube ich doch, daß wir niemals den Fortschritt erreicht hätten, den unsere wissenschaftliche, rationale Kultur hervorgebracht hat, wenn die dionysische Ethik weiterhin vorherrschend geblieben wäre.

Heute jedoch hat der Kult des Rationalen offensichtlich seine mögliche Grenze erreicht. Der Verlust spiritueller Ekstase in der westlichen Gesellschaft hat eine Leere hinterlassen, die wir auf die einzige Art und Weise ausfüllen, die wir kennen: mit Gefahr und Nervenkitzel.

4. Die andere Seite von Ekstase

Vereinzelt auftretende Gewalttätigkeiten in mehreren
Gemeinden der Bay Area befleckten gestern das Ver-
sprechen, das der Beginn des Neuen Jahres enthielt,
da die Einwohner das Jahr 1987 damit anfingen,
gegenseitig aufeinander zu schießen und mit Bomben
und Messern aufeinander loszugehen.

San Francisco Chronicle, 2. Januar 1987

Dionysos lebt heute an seltsamen Orten. Er lebt in dem Nervenkitzel, den wir erleben, wenn wir von den jüngsten terroristischen Bombenanschlägen, Brandstiftungen oder politischen Attentaten erfahren. Während wir in Ruhe unsere Morgenzeitung lesen, hören wir Bremsen kreischen und Blech aufeinanderprallen. Wir verspüren einen enormen Energiestoß, den wir gar nicht herbeigerufen haben. Ein kalter Schauder nach dem anderen läuft uns über den Rükken, wir sagen: »Wie schrecklich!« – und laufen vor die Tür, um uns den Unfall anzuschauen. Das ist minderwertiger Dionysos; das ist es, was mit einem grundlegenden menschlichen Trieb geschieht, der seit mehr als viertausend Jahren nicht ausgelebt wurde.

Als Lykurgos die Armeen des Dionysos aus seinem Lande vertrieb, glaubte er diesen lästigen Gott ein für allemal los zu sein. Aber Dionysos war bloß verschwunden, um sich tief unter dem Meeresspiegel zu verbergen. Und als er wieder auftauchte, zeigte er eine entsetzliche, gewalttätige Macht, die die andere Seite einer weiteren mächtigen Kraft darstellte, der Ekstase.

Wie der unglückselige Lykurgos können auch wir uns beliebig lange weigern, einen Archetyp anzuerkennen; aber wie Dionysos, der sich unter dem Meeresspiegel versteckte, wird er dadurch nicht verschwinden. Wenn wir ihn nicht mit unserer Menschlichkeit ausstatten, wird er in unmenschlicher Form zu uns zurückkehren, immer noch aufgeladen mit derselben archetypischen Energie, sich aber diesmal sehr viel primitiver manifestierend. In dem folgenden ernüchternden Kommentar führt die jungianische Psychologin Marie-Louise von Franz aus, wie unsere Weigerung, einen ethischen, liebevollen menschlichen Trieb zu achten, diesen in etwas Wildes und Destruktives verwandeln kann:

Was würde es also bedeuten, wenn in einem Traum ein Impuls als Wer-Wolf oder Wer-Tiger erschiene? Hier wurde ein psychologischer Inhalt fälschlich auf die Körperseite geschoben und pervertierte, so daß er nicht mehr typisch menschlich ist. Es ist eine Tatsache, daß dann, wenn ein Impuls der einen oder anderen Sphäre hochkommt und nicht gelebt wird, er wieder versinkt und dazu tendiert, anti-menschliche Eigenschaften zu entwickeln. Was ein menschlicher Impuls hätte sein sollen, wird zu einem tigerartigen. Wenn ein Mann z.B. einen Gefühlsimpuls hat, etwas Positives zu jemandem zu sagen, und es durch irgendeine Hemmung abblockt, dann kann er träumen, er hätte ein Kind mit seinem Auto überfahren – tatsächlich hatte er einen spontanen Gefühlsimpuls auf der Ebene eines Kindes, der von seiner bewußten Absicht zerschmettert wurde. Das Menschliche ist dann noch da, aber als ein verletztes Kind. Sollte er das gewohnheitsmäßig tun, so würde er nicht länger von einem Kind träumen, das verletzt wurde, sondern von einem Zoo voller wilder Tiere, die in einem Käfig wüten. Ein Impuls, der zurückgedrängt wird, lädt sich mit Energie auf und wird mehr und mehr unmenschlich.[10]

Sie können keinen Gott töten, der erklärtermaßen unsterblich ist; ebensowenig können Sie einen Archetyp umbringen, denn ein Archetyp ist ein grundlegender menschlicher Trieb. Wir tragen diese Archetypen tief in unserem Inneren;

sie sind integrale Bestandteile unserer menschlichen Natur, die gelebt werden müssen. Wenn ein Archetyp nicht bewußt oder mit Würde gelebt wird, »lädt er sich« – wie von Franz sagt – »mit Energie auf und wird mehr und mehr unmensch-lich«.

Das geschieht nicht nur auf der individuellen Ebene, sondern auch auf der des kollektiven Unbewußten, der Psyche einer ganzen Gesellschaft. Carl Gustav Jung hat über dieses Phäno-men gesagt:

Die gigantischen Katastrophen, die uns bedrohen, sind keine Ele-mentarereignisse. Uns bedrohen in schreckenerregendem Maße Kriege und Revolutionen, die nichts anderes sind als psychische Epidemien. Jederzeit können einige Millionen Menschen von ei-nem Wahn befallen werden, und dann haben wir wieder einen Weltkrieg oder eine verheerende Revolution. Anstatt wilden Tie-ren, stürzenden Felsen, überflutenden Gewässern ausgesetzt zu sein, ist der Mensch jetzt seinen seelischen Elementargewalten ausgesetzt.[11]

Dies wurde mir eines Tages klar, als ein Freund mich zu einer Luftfahrtsshow mitnahm. Eine Masse von Tausenden von Menschen war anwesend – ich hatte so eine Veranstaltung nie zuvor besucht. Mein Freund sagte: »Weißt du, in solch einer Gruppe findet sich ein enormes Potential an kollektiver Macht. Sie werden Blut fordern und haben die Macht, es auch zu bekommen.« Genau in diesem Augenblick stürzte ein kleines Flugzeug ab und ging direkt vor uns in Flammen auf. Ich konnte spüren, wie die dionysische Energie die Mas-se, die erregt und entsetzt zugleich war, elektrisierte. Dem Gott war Genüge getan – wenn auch auf eine schreckliche Art und Weise.

Die Suche am falschen Ort

Unsere Gesellschaft schätzt Denken und Tun, Fortschritt und Erfolg über alles. Wir gehen ohne Umwege vorwärts, den Gipfel als Ziel, bei all unseren Bemühungen immer die Nummer eins im Auge. Wenn irgend etwas keinen Geldwert hat oder uns nichts Konkretes einbringt, werden wir es auf unserer Bewertungsskala wahrscheinlich herunterstufen. Wir neigen dazu, die Dinge zu mögen, die wir kontrollieren können, und lehnen ab, was sich unserer Kontrolle oder unserem Verständnis entzieht.

Dies sind die Werte unserer patriarchalischen Gesellschaft, die uns mit ihrer Betonung von Macht und Erwerb viele schöne Gewinne eingebracht hat. Ohne unsere Liebe für Entdeckungen, Tatsachen, Wissenschaft, Fortschritt und Innovation stünden uns all die medizinischen Errungenschaften, die uns das Leben retten, oder der Maschinenpark, der unser tägliches Leben so erleichtert, sicherlich nicht zur Verfügung. All dies wurde jedoch auf Kosten kaum greifbarer Eigenschaften errungen, nämlich dionysischer Qualitäten wie Gefühl und Intuition, liebevolle Zuwendung, Anteilnahme und Empfänglichkeit. Wir neigen dazu, diese geringzuschätzen, weil sie uns keine greifbaren Belohnungen einbringen.

Uns nach spiritueller Ekstase sehnend, verfallen wir dem Irrtum, sie in materieller Erfüllung zu suchen. Wir jagen einem Phantom hinterher, und wenn wir es erwischen – in Form von mehr Geld, Essen, Trinken, Sex, Drogen und Selbstbetäubung –, müssen wir feststellen, daß wir ein flüchtiges Glück verfolgt haben, statt dauerhafte Freude einzuladen.

Was tun wir dann als nächstes? Wir benutzen all die intellektuelle Macht, die uns zur Verfügung steht, um die Leere auszufüllen. Auf der Suche nach »der Antwort« lesen wir Bücher und besuchen Seminare. Aber die Antwort kann nur in der sinnenfrohen Welt des Dionysos gefunden werden, und wir haben vergessen, wo diese zu finden ist.

Mangel an dionysischer Energie

Wir haben uns für den Schnellimbiß statt für die spirituelle Ernährung mit dionysischer Energie entschieden und sind darum am Verhungern. Folgende Geschichte hat mich lebhaft daran erinnert.

Ein englischer Arzt stieß auf ein interessantes Paradoxon. Die indischen Hindus bekommen über ihre gewöhnliche Ernährung weniger Vitamin B12, als ein Kaninchen zum Überleben braucht, und trotzdem leiden sie im allgemeinen nicht unter Vitamin B12-Mangelerscheinungen. Wie konnte das sein? Der Arzt schloß daraus, daß entweder seine Auffassung vom B12-Bedarf des Körpers falsch sein mußte, oder daß die Nahrung der Hindus mehr B12 enthielt, als die Tests anzeigten. Also fuhr er nach Indien, um dieses Problem näher zu untersuchen und fand heraus, daß die Daten vollkommen durcheinander gingen. Nein, die Hindu-Nahrung wies nicht genug B12 auf, um ein Kaninchen am Leben zu halten, und trotzdem ging es den Hindus gut. War es das Klima? Waren es psychologische Umstände? Der Arzt brachte einen Hindu-Mann mit nach London, um in seinem eigenen Labor genauere klinische Tests durchführen zu können.

Er ernährte den Hindu in England genauso, wie dieser sich in Indien ernährt hatte, und schon bald litt der Mann unter Vitamin B12-Mangelerscheinungen. Was war geschehen? Es stellte sich heraus, daß das englische Essen *zu sauber* war. In Indien waren im Mehl genügend Getreidekäfer und in den Früchten genügend Würmer, um die Hindus mit dem bloßen Minimum an B12 zu versorgen, das sie brauchten, um zu überleben. Aber in den keimfreien Lebensmitteln Englands gab es davon nicht genug, um auch nur den minimalen täglichen Bedarf zu decken.

Genau das haben wir auch mit Dionysos getan. Wir haben unser Bewußtsein von ihm gesäubert, ihn aus moralischen Gründen verleugnet, und jetzt haben wir das Nachsehen. Wie die Hindus über die Käfer im Mehl und die Würmer in den Früchten ihr Minimum an B12 erhalten, bekommen wir gerade soviel Dionysos in minderwertiger Qualität – in Form von Autounfällen und Schlagzeilen, Terrorismus und öffentlicher Gewalt, Alkohol und Drogen –, wie wir gerade mal an Ekstase brauchen, um am Leben zu bleiben.

Aber wie bei jeder Sucht brauchen wir davon immer mehr. Weil wir nicht die göttliche Freude erleben, die wir tatsächlich brauchen, um zufrieden zu sein, hungern wir nach dem Gegenteil. So werden Diebstähle zu Raubüberfällen, Raubüberfälle zu Schlägereien, Schlägereien zu Schießereien, Schießereien zu Bombenangriffen – und wo wird das alles enden? So äußert sich das Suchtverhalten, das unsere Gesellschaft belastet und jeden Aspekt unseres Lebens berührt.

Empfindung und Materialismus

Als die westliche Gesellschaft beschloß, den unsteten Fußstapfen des verkommenen Bacchus statt dem fröhlichen Tanz des Dionysos zu folgen, begann sie Sinnesempfindungen und Materialismus miteinander zu verwechseln. Die Folge ist, daß man uns Bürgern Ende des 20. Jahrhunderts zurecht nachsagen kann, daß wir »von Sinnen« sind – oder zumindest den Kontakt mit unseren Sinnen verloren haben.

Selbst unsere Kleidung verrät, daß etwas falsch läuft. Sowohl Männer als auch Frauen »stylen sich heute auf Erfolg«, indem sie Krawatten tragen – was nichts anderes heißt, als daß sie ihren Kopf, ihre Denkprozesse, vom Rest ihres Körpers und damit symbolisch von sämtlichen Sinnesempfindungen unterhalb des Halses abtrennen. Wenn sie am Ende des Tages ihre Krawatten lockern, drehen sie durch. All die aufgestauten Empfindungen preschen vor, um sich irgendwo entladen zu können.

Ich nehme an, daß unsere Gesellschaft auf den ersten Blick so aussieht, als sei sie enorm an den Sinnen orientiert – die blinkenden Leuchtreklamen, die fast nackten Körper auf den Reklametafeln, unsere Besessenheit von Essen und Sport. Ursprünglich waren wir vielleicht auf diese Dinge aus, weil sie uns angenehme Empfindungen schenkten. Aber mit der Zeit haben wir einen Hunger nach bloßer Quantität entwickelt und unseren Blick für Qualität völlig verloren. Wir sind also offensichtlich *materialistisch* eingestellt, und darin liegt der feine Unterschied, den es zu machen gilt. Wir möchten von allem mehr – mehr Autos, mehr Geld, mehr Kleidung, mehr Drogen, mehr Spaß –, aber wir haben Angst vor Berührungen, vor wirklichem Kontakt zu anderen Menschen. Wahrscheinlich lassen wir eher in Gegenwart eines fremden Menschen unsere Kleider fallen, als im Zusammensein mit einem geliebten Menschen unsere emotionalen Schutzhüllen aufzugeben. Dieses Unbehagen im Hinblick auf menschlichen Kontakt ist eine Auswirkung des Mangels an hochwertiger dionysischer Energie und stellt für unsere Gesellschaft einen großen Verlust dar.

Diesen Verlust habe ich nie lebhafter empfunden als während eines Besuches der bischöflichen Gnadenkathedrale in San Francisco, kurz nachdem die Sitte eingeführt worden war, »den Frieden weiterzugeben«. Meßdiener in Roben und mit Handschuhen kamen vom Altar herab und gaben jedem, der am Anfang der Kirchenbank saß, die Hand, und dieser »Frieden« sollte dann von Hand zu Hand durch die Reihe gehen, bis das Bankende erreicht worden war.

Nun, die Dame zu meiner Rechten war eindeutig entsetzt über dieses Vorhaben. Sie konnte es nicht ertragen, einen fremden Menschen zu berühren. Die dionysische Qualität von Nähe war für sie etwas Verbotenes. Sie wandte sich mir mit ängstlichem Blick zu, bot mir eine behandschuhte Hand dar und streckte mir steif ihren kleinen Finger entgegen. Ich nahm den kleinen Finger zwischen Daumen und Zeigefinger und schüttelte ihn vorsichtig. Die schmerzliche Verlegenheit, uns berühren zu müssen, kam zwischen uns lebhaft zum Ausdruck.

Ich werde nicht so oft ärgerlich, aber aus irgendeinem Grund stieg der Ärger über dieses Erlebnis in mir hoch. Also wandte ich mich dem Mann zu meiner Linken zu, hob ihn in einer mächtigen »Bärenumarmung« hoch und setzte ihn wieder hin. Der arme Mann war so verlegen, daß er einfach dasaß und vor sich hinstarrte, und der Frieden gelangte nicht weiter.

So sieht unsere allgemeine, offizielle und vor allem religiöse Einstellung zu Empfindungen aus: Nette Menschen haben so etwas nicht. Und was Gefühle betrifft, ja, die können Sie ruhig haben, so lange wie sie sehr diskret sind und Sie sie völlig unter Kontrolle haben. (Ich muß diese Haltung unwillkürlich mit der in der Welt der Moslems vergleichen. Wenn Sie dort mit einem Mann sprechen und während des Gespräches mehr als fünfzehn Zentimeter von seinem Gesicht entfernt sind, gilt das als öffentliche Beleidigung. Es bedeutet, daß Sie ihn nicht mögen. Die meisten Westler hingegen fühlen sich natürlich extrem unbehaglich und fangen an, sich langsam zurückzuziehen, um den Abstand zu vergrößern, wenn Sie sich ihnen auf weniger als fünfzehn Zentimeter nähern!) Ebenso wie diese Frau und ich keine angemessene Form finden konnten, uns menschlich zu berühren, finden wir als Gesellschaft heute keinen Weg, respektvoll und angemessen mit Dionysos in Berührung zu kommen. Auf die gleiche

Weise, wie meine Friedensvermittlung sich fast auf der Stelle in die Vermittlung von Ärger verwandelte, verwandelt sich unser Hunger nach der sinnenfrohen dionysischen Erfahrung sofort in die Suche nach sinnlichem Genuß. So können wir den vermenschlichten Archetypus nicht finden, weil wir am falschen Ort und auf die falsche Art und Weise danach suchen.

Nähe

Wir betrauern oft den »Verlust von Nähe« in unserer Gesellschaft. Wir sind schnell dabei, mit Fremden ins Bett zu gehen, haben aber eine Abneigung dagegen, emotional berührt zu werden. Als wir die Sitte der Berührung als Weg, mit Gott in Kontakt zu kommen, verloren haben, fingen wir an, uns für unsere natürlichen Triebe zu schämen und uns noch für unsere Phantasien schuldig zu fühlen.

Wir fürchten uns vielleicht deshalb so sehr davor, uns in Ekstase zu verlieren, weil damit ein Kontrollverlust einhergeht. Hingabe ist etwas, das unsere Kultur nicht fördert, noch nicht einmal die Hingabe an das Göttliche. Hingabe an das Göttliche bedeutet, uns aus unseren wohldefinierten Rollen und Welten in das Reich der Götter zu begeben, wo alles möglich ist und nichts erklärt wird. Wir haben keinerlei Vorstellung, was uns erwartet, und deswegen fürchten wir uns. Wie der Dichter T.S. Eliot in *Mord im Dom* sagte, fürchten wir »die Hand am Fenstergriff und das Feuer im Dachstuhl … weniger als die Liebe Gottes«. Würden wir Ekstase, die Liebe Gottes, wirklich erfahren, hieße das, daß wir uns für tiefgreifende Veränderungen öffnen, und dazu sind wir nicht bereit. Wir rennen dem Sex hinterher, wieder auf der Jagd nach Gott, machen aber häufig unmenschliche, minderwertige dionysische Erfahrungen. Ein minderwertiger Dionysos, der in der Sexualität seinen Ausdruck findet, ist schrecklich anzuschauen. Statt des Liebesspiels erleben wir eine Vergewaltigung oder einen völlig seelenlosen sexuellen Akt. So wie wir versuchen, unseren Kopf vom Rest unseres Körpers abzutrennen, haben wir versucht, die Sexualität aus unserem Leben zu verbannen. Wir haben der Sexualität ein eigenes Ghetto errichtet. Hier glitzert und spielt in dunklen Stunden das seine Musik, was im 20. Jahrhundert als sexuelle Hemmungslosigkeit gilt. Unsere sexuelle Sprache ist sehr energiegeladen, aber diese Energie strebt nicht aufwärts. Wir sagen, »kommen wir zur Sache«, »bringen wir es hinter uns«, »besorg es mir«. Diese Ekstase auf unterster Ebene hält uns gerade so am Laufen, aber sie führt uns nicht zur Transzendenz.

Um unsere Schuldgefühle zu ertränken und die Stimmen zu übertönen, betäuben wir uns mit Alkohol und Drogen, und die Ironie dabei ist, daß diese Mittel in anderen Zeiten göttliche Sakramente waren, die eingesetzt wurden, um uns zu göttlichen Visionen zu verhelfen. Ohne die heiligen Rituale, unser Bedürfnis nach Dionysos auszudrücken, können wir es nur symptomatisch zeigen: in Form von Drogenmißbrauch, Belästigung von Kindern und häuslicher Gewalt, Raubüberfällen, Kriegen, Terrorismus und Wahnsinn.

Rausch

Dionysos ist der Gott des Weines und der Ekstase, der Befreiung und der Hemmungslosigkeit. Er ist die niemals endende Fülle an Farbe, Leben und Energie. Wenn wir mit Dionysos in Berührung kommen, stoßen wir auf die irrationale Weisheit der Sinne und erleben Freude.

Weil wir uns diese Erfahrung verboten haben, erleben wir jedoch die dunklere Seite des Rausches, eine Verwirrung der

*Dionysos als Weintraube (Wandgemälde aus Pompeji,
Ausschnitt, um 50 v. Chr.).*

Sinne, die weit von Spiritualität entfernt ist. Mit dem ersten Schluck Wein lassen wir die Alltagswelt hinter uns und betreten eine neue Welt. Wir werden von Wärme und Glück überflutet und fühlen uns frei, unseren Spaß zu haben. Wir haben immer noch die Kontrolle, fühlen uns aber imstande, unsere üblichen Belastungen loszulassen. Dies ist der Punkt, an dem die Anhänger des Dionysos aufhörten zu trinken – tatsächlich tranken einige von ihnen überhaupt keinen Wein. Sie mußten bewußt bleiben, um die göttliche Ekstase zu erfahren – man kann nicht fröhlich und zugleich sturzbetrunken sein! Als wir Dionysos durch den Trunkenbold Bacchus ersetzten, haben wir leider vergessen, wann es Zeit ist aufzuhören.

Dionysos selbst war nur einmal betrunken, und es gefiel ihm gar nicht. Um seinen Wahnsinn, der durch den Wein ausgelöst wurde, zu kurieren, machte er sich auf den Weg zum Schrein des Zeus. Eine Geschichte erzählt, daß er sich in Treibsand festrannte und von einem Esel gerettet wurde, der ihn in seinem betrunkenen Delirium sicher zu Zeus brachte. Als Belohnung schenkte Zeus dem Esel die menschliche Sprache. In einer anderen Geschichte, die mir sehr viel besser gefällt, wird Dionysos selbst in einen Esel verwandelt und erscheint vorm Schrein des Zeus Eselsschreie ausstoßend, aus denen dann die menschliche Rede wird. Wenn wir also soviel trinken, daß wir diese Eselsnatur wecken, sind wir keine Anwärter für Ekstase mehr. Unsere Menschlichkeit geht verloren.

Statt die Gelegenheit zu ergreifen, die materielle Welt zu transzendieren, trinken wir weiter (nehmen Drogen, versuchen Geld zu machen oder verlieben uns ständig neu), um diese erste Aufwallung von Glück, die wir irrtümlicherweise für Freude halten, wiederzugewinnen. Wie sehr wir dem Glück aber auch hinterherjagen, es ist seinem Wesen nach ein flüchtiges Erlebnis. Wenn wir trinken, werden wir lauter, lockerer und haben unsere Worte und unser Verhalten weniger unter Kontrolle. Mit dem Versuch, das Glück festzuhalten, stürzen wir kopfüber in die Verzweiflung. Und wenn wir weitertrinken, bis wir nicht mehr können, werden wir wahrscheinlich gewalttätig und schließlich bewußtlos.

Ekstase: ein neues Stadium

Warum finden wir, daß dieser Zustand transzendenter Ekstase so schwer zu erreichen ist? Vielleicht weil die Vorstellung davon relativ neu ist. Die Ankunft von Dionysos, des psychologischen Archetyps von Ekstase, repräsentierte ein neues Stadium in der menschlichen Entwicklung. Die mächtigen Titanen, die ersten Götter der Erde, hatten niemals seinesgleichen gesehen und versuchten ihn bereits zu vernichten, noch bevor er seinen Anfang nahm. Er hielt als letzter Gott Einzug in den Pantheon des Olymps und wurde als erster gestürzt, was uns einen Eindruck davon vermitteln kann, welch neue Errungenschaft er für die menschliche Rasse darstellte. Lassen Sie mich diese unsichere Position mit einem Beispiel aus einem anderen Bereich illustrieren.

Mir wurde gesagt, daß die Farbe Blau als letzte zu unserem Farbsinn hinzukam, und daß sie die Farbe ist, die farbenblinde Menschen am häufigsten nicht sehen können. Die Farbe Blau wird im Alten Testament niemals erwähnt, und auch in sämtlichen altgriechischen Schriften taucht diese Farbe nicht auf. Selbst die Ägäis, die von allen Meeren der Welt das intensivste Blau zeigt, wird von Homer als »weindunkles Meer« bezeichnet. Wenn eine Fähigkeit so neu ist und so leicht verloren gehen kann, heißt das, daß die menschliche Rasse gerade erst auf dem Weg ist, sie zu so etwas wie einer stabilen Errungenschaft zu entwickeln. Das gleiche gilt für die dionysische Erfahrung von spiritueller Ekstase. Sie ist die Fähigkeit, die als letzte zu unserem Repertoire hinzukam, die uns am häufigsten fehlt und am wenigsten unserer Kontrolle unterliegt.

Manche Menschen zeigen spontan eine gewaltlosere, ursprünglichere Form von dionysischer Ekstase. Solche Ausbrüche sind jedoch meistens kurzlebig. Erinnern Sie sich an die Hippie-Bewegung, die im Zeitraum von einem Jahr von der Unschuld von Woodstock zur Gewalttätigkeit von Altamont heruntergekommen ist? Vielleicht beneiden wir Menschen, die aus ihrem Beruf aussteigen, all ihr Geld weggeben und versuchen, im Einklang mit der Natur zu leben, aber letzten Endes werden wir sie als verrückt bezeichnen und mit unserem eigenen Leben fortfahren.

Es reicht nicht, alles über den Haufen zu werfen und nackt am Strand zu tanzen. Solche Experimente sind – so gut sie auch gemeint sein mögen – zum Scheitern verurteilt. Wir können nicht einfach vom Reich der Rationalität zum irrationalen Reich des Dionysos übergehen und glauben, daß alles andere sich von selbst erledigt. Das ist ein Entweder/Oder-Denken. Jung hat gesagt, daß für uns die Wahl nicht länger in entweder/oder besteht, sondern entweder *und* oder heißt. Wir müssen mit Dionysos in Berührung kommen, wir müssen ihn in einer menschlichen Form in unser Leben zurückbringen, oder wir werden mit unserer Verleugnung seiner Kraft uns selbst zerstören.

Das ist die Last, die jetzt auf uns ruht; die guten Elemente unserer patriarchalischen Welt – ihre Ordnung, Form, Sorgfalt und Struktur – zu erhalten und Dionysos zurückzubringen, um unserer Gesellschaft zu neuer Lebendigkeit zu verhelfen, ohne uns zu überschlagen und in Stücke zu springen. Nur auf diesem Weg können wir anfangen, uns in Richtung Ganzheit und Freude zu bewegen.

5. Ekstase feiern

Der Freude entsproßt alle Schöpfung,
durch die Freude wird sie erhalten,
zur Freude bewegt sie sich hin
und in die Freude kehrt sie zurück.

Mundaka Upanishad[12]

Die dionysische Erfahrung ist unmittelbar und elektrisierend: Ekstase oder Wahnsinn. Das mag extrem sein, entspricht aber direkt unseren wahren psychologischen und spirituellen Bedürfnissen. Unsere heutigen peinlich sauberen, gesetzestreuen Religionen lassen wenig Raum für die Gottesliebe oder die Angst vor Gott. Wie der Hindu, der am keimfreien englischen Essen beinah verhungert wäre, leiden wir unter den Auswirkungen spiritueller Fehlernährung.

Wenn wir uns den Kontakt zu der Erhabenheit und den Schrecken der Seele versagen, fügen wir uns damit großen Schaden zu. Mit unseren Vorstellungen vom Himmel als einem sauberen, gut beleuchteten Ort mit angenehmer Harfenmusik und schmeichelnden Engeln berauben wir unsere Religion ihres Wesens. Gewähren uns unsere religiösen Bräuchen keinen offiziellen Raum für die Ekstase des Göttlichen oder die dunkle Nacht der Seele, erfahren wir dieses Licht und diese Dunkelheit in allen nur möglichen anderen Formen. In anderen Jahrhunderten mag man diese Form Besessenheit genannt haben; wir haben uns dafür entschieden, sie als körperliche und psychologische Symptome auszudrükken.

Ich habe in bezug auf dieses Thema einmal ein Auditorium von Seminarteilnehmern verärgert, indem ich behauptete, daß die Neurose in Wirklichkeit eine Form von religiöser Erfahrung auf niedriger Ebene ist. Ein junger Mann sprang auf und sagte: »Wollen Sie mir etwa sagen, daß Gott in den abartigen Dingen anwesend ist, die ich mitten in der Nacht tue, wo ich vor Scham sterben würde, wenn jemand sie herausfände, und noch nicht einmal den Mut hatte, sie zu beichten?« Für viele Menschen ist unsere religiöse Struktur genau das geworden: eine Struktur ohne jeden Sinn.

Aber wenn Sie mit offenen Augen genau hinschauen, werden Sie sehen, daß Dionysos noch unseren ehrwürdigsten religiösen Abläufen innewohnt – eine Vorstellung, die vielleicht für diejenigen unter den Kirchgängern schockierend ist, für die die Ziege Dionysos eher dem Teufel gleicht. Schauen Sie sich zum Beispiel einmal ein christliches Abendmahl an, und Sie werden sehen, daß hinter der Sicherheit des Altargitters ein dionysisches Ritual durchgeführt wird. Dort finden wir Betrug, Mord, Kreuzigung und den Gott, der zu Wein wird. Wenn wir verstehen können, was das Abendmahl wirklich ist – die innere Bedeutung, nicht den äußeren Ablauf –, werden wir so erschrocken sein und so heftige Schauder werden uns über den Rücken laufen, daß wir unweigerlich transformiert werden – und darum geht es schließlich bei diesem Ritual.

Kürzlich war ich in Indien Zeuge einer besonders eindringlichen Form einer solche Transformation. Wie alle traditionellen nicht-europäischen Gesellschaften hat Indien für den dionysischen Ausdruck einen Ehrenplatz beibehalten. (Der Gott Shiva ist der Hauptbote des Dionysos, aber dieser lebt auch im sinnenfrohen Leben von Krishna). Eines Tages besuchte ich den Tempel von Tiruvanamalai und fand mich einem tanzenden Dionysos gegenüber, der mir den Atem nahm.

Ich sah einen jungen Mann, der von zwei Trommlern begleitet wurde und mit explosiver Kraft eine lange Lederpeitsche knallen ließ. Er machte viel Krach mit seiner Peitsche, die Trommeln schlugen noch lauter und schneller, und er tanzte mit wilden, sinnenfrohen Schritten. Einen Augenblick später schlug er die Peitsche so, daß sie ein Stück Fleisch aus seinem Arm oder seinem Brustkorb riß. Blut floß, sein Gesicht zeigte heftigen Schmerz. Dann tanzte er sich aus seinem Schmerz in einen ekstatischen Zustand voll Raserei und Energie, wie ich ihn nie zuvor gesehen hatte. Sein Gesichtsausdruck verwandelte sich im Laufe des Tanzes von Schmerz zu Ekstase. Nachdem er sich mehrmals so gegeißelt hatte (hierzu gibt es es auch im Christentum in den Geißelungen der mittelalterlichen Kirche Parallelen), wandte er sich an die Inhaber der Läden im Tempelbezirk und bat um Geld. Traditionell übernimmt ein Mann die Aufgabe, den Schmerz einzuladen und ihn tanzend in Ekstase umzuwandeln, damit die ganze Gemeinde vom Leiden befreit wird. Die Gemeinde sorgt dann für den Lebensunterhalt des Tänzers.

Sein Tanz war für meine westlichen Augen zu grob und zu heftig, aber mir war bewußt, daß ich Zeuge des dionysischen Prinzips der Transformation von Leiden in Ekstase geworden war, und zwar in einer dermaßen unmittelbaren Form, daß es mir den Atem nahm.

Dionysos und die westliche Christenheit

Dionysos folgen heißt, das Reich des Geistes betreten, um die ekstatische Einheit mit dem Göttlichen zu erfahren. In Johannes 6, 53 – 54 sagt Jesus: »Wahrlich, wahrlich, ich sage euch: Werdet ihr nicht essen das Fleisch des Menschensohnes (Brot) und trinken sein Blut (Wein), so habt ihr kein Leben in euch. Wer mein Fleisch isset und trinket mein Blut, der hat das ewige Leben, und ich werde ihn am jüngsten Tage auferwecken.« Und in Johannes 15,1ff sagt er: »Ich bin der rechte Weinstock«. Für den, der das Heilige Abendmahl nimmt, ist das Brot das Fleisch, und der Wein ist das Blut. Auch die Anhänger des Dionysos verschlangen ihren Gott symbolisch, als Ziegenfleisch, und tranken ihn auf die gleiche Weise: als Wein.

Ich werde oft gefragt, ob ich eine Verbindung zwischen Dionysos und der Art und Weise sehe, wie Jesus sich gezeigt hat. Die Antwort lautet: Ja.

Das ist nicht so überraschend, wie es vielleicht klingen mag. Jede disziplinierte oder höher entwickelte Kultur – wie unsere sie mit Sicherheit darstellt – braucht eine Atempause von ihren Verantwortlichkeiten. Die Griechen hatten Dionysos als Hilfe, für einen Augenblick »außer sich« und frei von ihren üblichen Belastungen zu sein. Die Römer, die auf die Griechen folgten, übernahmen das dionysische Prinzip, verwandelten es in einen orgiastischen Ausdruck, eine betrunkene Rauferei, und gaben ihm den neuen Name Bacchus. Das Christentum wiederum ließ das ekstatische Prinzip in der Jesusfigur neu aufleben – zweifach geboren, so wie Dionysos dreifach geboren wurde. Christus ist der Gott der Liebe, der Gott der Ekstase, des visionären Guten. Für mich stellt die Jesusfigur einen neuen Versuch dar, das transzendente Prinzip achtenswert, menschlich und durchführbar zu gestalten: das, was uns etwas zeigt, das größer ist als wir.

Jeder Mensch, der jemals ein anderes menschliches Wesen geliebt hat, weiß, was Inkarnation ist, weil wir im anderen den fleischgewordenen Gott oder die Göttin vor uns haben. Liebende können sich gegenseitig »idealisieren« oder »anbeten«, ein Mann kann eine Frau »auf einen Sockel stellen«. Wenn wir Gottes Liebe durch unsere Sinne erfahren – indem wir ein anderes menschliches Wesen lieben –, ist das ebenso wertvoll wie jede andere natürliche Gabe, auch wenn das

Christentum diese Form sicherlich heruntergespielt hat. Jung hat einmal beobachtet, daß wir unser Hauptmandala, das Kreuz, verzerrt haben, indem wir den unteren Teil länger machten als die Seitenarme oder den oberen Teil. Die Griechen hatten ein besseres Empfinden dafür: Sie gestalteten das Kreuz nach allen Seiten hin gleich lang, weil sie der Welt der Sinne und der Welt des Intellekts den gleichen Wert beimaßen. Weil wir die Sinne, die untere Hälfte, herabsetzen, neigen wir zu einer Überkompensation der irdischen Dimension des Kreuzes. Was diese Seite der Empfindung betrifft, ist die westliche Christenheit nicht im Gleichgewicht. Jesus war sowohl Geist als auch Materie, aber wir neigen nicht zu dieser Form des Glaubens. Diese Qualität, die Jesus zeigte, wurde so total mißverstanden, daß er in der christlichen Welt paradoxerweise zum Hauptfeind des dionysischen Elements geworden ist.

Ein Hindu-Heiliger sagte einmal: »Wir dienen Gott am besten, indem wir einfach glücklich sind«. Genau das haben wir verloren. Wir haben nur auf die Leiden Jesu gestarrt und sie auf uns genommen. Wir haben das Gefühl, keine guten Menschen zu sein und gewiß nicht in den Himmel zu kommen, wenn wir nicht so leiden, wie er es tat. Ich glaube nicht, daß es dem Wesen Christi entsprach, so repressiv zu sein, wie die Christenheit es geworden ist.

Jesus und Dionysos

Der berühmte Abendmahlskelch von Antiochien zeigt Christus, wie er einer der Lieblingsbeschäftigungen des Dionysos nachgeht: er schaukelt auf einem weinlaubgeschmückten Sitz, zwischen zwei Welten im Gleichgewicht. Das ist ein deutlicher Hinweis auf den dionysischen Vorfahren. Wir sollten uns über die vielen Parallelen zwischen Jesus und Dionysos

Der Abendmahlskelch von Antiochien: Christus und die Apostel in den Weinranken (Silber, teilweise vergoldet, aus Antiochien, 6. Jh. n. Chr.).

nicht wundern. Ganz gleich, auf welche Weise wir auch versuchen, sie zu unterdrücken, die Archetypen, die in uns allen wohnen, werden nach Wegen suchen, sich auszudrücken. Wenn wir die Tür schließen, werden sie durch das Fenster hereinkommen. Zwingen wir sie, eine Verkleidung abzuwerfen, werden sie in einer anderen wieder erscheinen.

Jesus und Dionysos sind beide Söhne göttlicher Väter und sterblicher, jungfräulicher Mütter. Christus fuhr zur Hölle nieder, Dionysos entkam aus der Unterwelt. Semele stieg als Thyone in den Olymp auf, die Jungfrau Maria zum Himmel. Dionysos und Jesus wurden beide als König der Könige umjubelt. In Eleusis feierten die Anhänger von Dionysos seine »Ankunft« mit einem neugeborenen Kind, das in einen strohgeflochtenen Korb gelegt wurde – als Vorgänger des Christuskindes in der Krippe.

Jesus und Dionysos starben beide – Jesus am Kreuz, Dionysos unter den Händen der Titanen; und beide wurden wiedergeboren, symbolisierend, daß das Leben nicht endet. Dionysos stieg zum Olymp auf, Jesus fuhr gen Himmel, und beide sitzen zur Rechten ihres Vaters.

Wie Jesus glaubte man gewöhnlich auch Dionysos nicht, wenn er verkündete, Gottes Sohn zu sein. Beide litten im Gewahrsam der örtlichen politischen Autoritäten; in beider Gefolge fanden sich gesellschaftlich Geächtete und Frauen von zweifelhaftem Ruf, und beide mißachteten die etablierten Formen von Gottesdienst.

Und dann natürlich der Wein. Eines von Jesus Wundern bestand darin, daß er Wasser in Wein verwandelte – Dionysos kann man nachsagen, daß er das auf reguläre Weise tat: Man wässert den Weinstock, läßt die Trauben reifen und verwandelt sie in Wein. Das Sakrament des Heiligen Abendmahls ist eine Zeremonie der *ex stasis* – den Wein, das Blut Gottes, trinken und Zeit und Raum transzendieren, um einen Augenblick lang göttlich zu sein.

Wir haben also versucht, den Gott zu töten, die ekstatische Erfahrung auszulöschen. Aber er kehrt immer wieder zurück und scheint mit jeder Wiederkehr an Stärke und Macht gewonnen zu haben. Wir stürzen Dionysos vom Thron, reißen ihn in blutige Stücke, kochen ihn in einem Topf, und er kehrt wieder als Jesus. Wir kreuzigen Jesus, und dieser wird wiedergeboren.

6. Dionysos und die Frauen: Die Feier des Lebens

Seliger, der, ein Götterfreund,
Kybele, der Erhabenen sich, der Allmutter geweiht hat.

Alte Hymne an Dionysos aus:
Euripides, Die Bacchantinnen

Was weckt der Begriff *griechischer Gott* für Assoziationen in Ihnen? Die meisten Menschen denken dabei an Apollo – Gott des Lichtes und der Wahrheit. Blond, gebräunt und muskulös, ist er der Prototyp unserer Comic-Superhelden. Der sinnenfrohe Dionysos stellt all das dar, was Apollo nicht ist. Männlich geboren, wurde Dionysos von den Nymphen als Mädchen großgezogen. In der griechischen Kunst wird er manchmal als alter Mann dargestellt, am häufigsten aber als Jüngling mit stark weiblichen Zügen. Auf dem Olymp nahm er den Sitz der Göttin Hestia ein, trat damit an ihre Stelle und führte zugleich ihre Tradition fort.

Unsere Gesellschaft fühlt sich nicht wohl mit der dionysischen Vieldeutigkeit. Die Alten Griechen hingegen hatten, was den angemessenen Ausdruck männlicher Sexualität betrifft, ziemlich lockere Vorstellungen. Und hier finden wir einen weiteren Grund dafür, daß Dionysos in unserem Leben fehlt.

So wie wir Krawatten tragen, um symbolisch unser Denken vom Körper zu trennen, neigen wir auch dazu, Männern und Frauen zwei strikt getrennte psychologische Erfahrungsbereiche zuzuschreiben. Männern überlassen wir den Kopf – Logik und Unterscheidungsfähigkeit, das Feststellen von Tatsachen; Frauen sind für den Körper zuständig – Emotion und Intuition. Und letzteres ist auch das Reich des Dionysos. Vielleicht wurde Dionysos aus diesem Grunde von Frauen immer besonders geliebt.

Die Mänaden

Es ist wie eine Ironie, daß die modernen Frauen sich der ekstatischen Erfahrung oft entfremdet fühlen. Die ersten Verehrerinnen des Dionysos waren die Mänaden. Diese wilden Frauen der Berge waren die letzten Anbeterinnen der Großen Göttin, der uralten matriarchalisch ausgerichteten Religion, an deren Stelle die neue patriarchalische Ordnung zu treten begann. Sie nahmen ihren Gott, Dionysos, mit in die Wälder zu ihren lärmenden nächtlichen Festlichkeiten, den Frauenmysterien, in die Rhea ihn eingeweiht hatte. Die Frauenmysterien wurden immer nachts abgehalten. Sie waren so geheim, und ihr Geheimnis wurde so wohl gewahrt, daß wir selbst heute nicht genau wissen, wie sie verliefen.
So heißt es,

... daß die ekstatische Mysterienreligion des Dionysos, des lieblichgesichtigen und lockenköpfigen Sohnes der kretischen Mutter, ursprünglich der Kult der Mutter selbst und ihrer orgiastischen Anhängerinnen gewesen war.
Die Bacchantinnen oder Mänaden (verrückte Frauen) besaßen die Macht, die ganze Erde blühen zu machen. Auf den Berggipfeln wurden die Riten vollzogen, und bei der Berührung mit ihren Stäben brachen Fluten von Wein und Wasser, Milch und Honig aus dem Fels. In ihrer ... Wut zerrissen sie jeden Mann in Stücke, der ihren Weg kreuzte oder ihre heiligen Gründe betrat. Dionysos selbst war rituell zerrissen und als Sakrament verspeist worden...[13]

Silen, der eine Mänade auf ihrer Schaukel anstößt
(Trinknapf, Ausschnitt, Penelope-Maler, 5. Jh. n. Chr.).

In anderen Geschichten steht, daß die Mänaden so berauscht waren von der Freude, Ekstase und Hemmungslosigkeit ihres Gottes Dionysos, daß sie schließlich ihn in Stücke rissen und in die Unterwelt, das Reich des Hades, schickten, wo er wie die Traube gegoren wurde und als Wein, seine gegenwärtige Form, wieder hervorkam.

Die Lebensenergie

Dionysos verehren heißt, die Lebensenergie verehren. Die Piraten, die versuchten, Dionysos zu fesseln – was in Wirklichkeit den Versuch darstellt, das ekstatische Prinzip natürlichen Wachstums zu fesseln –, mußten feststellen, daß sie es

Tanzende Mänaden vor dem sitzenden Dionysos
(großes Mischgefäß, Ausschnitt, Karneia-Maler, 5. Jh. n. Chr.).

nicht vermochten. Weintrauben wuchsen in wilder Üppigkeit, Efeu rankte wie verrückt, und Wein strömte herunter
auf das Deck des Schiffes. Die pulsierende Energie der Erde
triumphiert unweigerlich über alle menschlichen Anstren-
gungen, sie zu unterdrücken, so wie die Wurzeln eines Baumes mit der Zeit durch den Asphaltweg brechen, der über
ihnen gebaut wurde.
Als die Gesellschaft und Mentalität in Griechenland anfing,
sich von den emotionalen weiblichen Werten der Gefühls-
ebene zur rationalen männlichen Welt zu entwickeln, verloren die alten Göttinnen an Einfluß. Daß Hestia aus dem
Olymp herabtrat, um Dionysos ihren Sitz abzutreten, signa-

66

lisierte eine neue Ära. Für die Griechen war Hestia die ursprüngliche Botin des ekstatischen Prinzips. Ihr zu opfern war integraler Bestandteil des Alltagslebens im Alten Griechenland gewesen. Ihre Haushaltspflichten, wie Kochen und das Feuer im Ofen anzünden, schlossen die ekstatische Erfahrung ein, und die Frauen, die diesen Aktivitäten im täglichen Leben nachgingen, führten damit das ekstatische Prinzip fort.

Die alten matriarchalisch ausgerichteten Kulturen schätzten die Mutter über alles. So merkwürdig uns das vorkommen mag – jahrtausendelang wußte man nichts über die Rolle des Vaters bei der Zeugung. Es ist nur natürlich, daß unsere Vorfahren die Qualitäten der Mutter so sehr achteten – das Zuhause, Geburt, Wachstum, Stillen, Versorgen, Mitgefühl – und sie als lebenserhaltend priesen. Sie förderten diese psychologischen Qualitäten in sich, und so bildete der sinnenfrohe Dionysos den neuen Strang einer alten Tradition.

Unsere Gesellschaft betont die greifbaren »männlichen« Werte – Aggression, Macht, Gewinn, Erfolg, Tatsachen, intellektuelle Fähigkeiten, handfeste Beweise. Die weniger konkreten »weiblichen« Werte haben kaum Gewicht. Die Folge ist, daß viele Frauen heute das Gefühl haben, für die dionysische Erfahrung sei in ihrem Leben kein Platz. Aber sie müssen sich daran erinnern, daß Hestia die ursprüngliche Ekstatische war und daß die meisten sogenannten »weiblichen« Alltagsaktivitäten die Grundessenz des ekstatischen Lebens beinhalten. Eine Frau, die für ihre Familie kocht, erhält deren Leben. Eine Frau, die die Wohnung aufräumt und schützt, gestaltet damit eine Umgebung, die das Wachstum von Menschen fördert. Und mit der primären weiblichen Funktion, ein anderes menschliches Wesen zu gebären, sichert die Frau den Fortbestand der Menschheit.

Es besteht kein Grund, warum Männer an diesem nährenden Prozeß nicht teilhaben und das sinnenfrohe Leben genießen sollten, mit Ausnahme des Gebärens natürlich. Und es gibt auch keinen Grund dafür, daß Frauen nicht ein Leben in Kraft und Weisheit führen könnten; denn das heißt es, mit Dionysos in Berührung zu kommen und sich als Teil der ekstatischen, kreativen und ewigen Lebensenergie zu fühlen. Wenn wir Männern und Frauen nicht mehr strikt getrennte Werte zuschreiben, wenn wir im ausgewogenen Maße männlich wie auch weiblich sein können, werden wir Dionysos begegnen, dem göttlichen Androgynen.

7. Androgynität: Die Vereinigung des Männlichen und des Weiblichen

*Die Anima und der Animus sollten als Brücke oder
als Tür dienen, die zu den Bildern des kollektiven
Unbewußten führt, so wie die Persona eine Art Brücke
zur Welt bilden sollte.*

C.G. Jung[14]

Dionysos ist der göttliche Androgyne, der Gott, der das
Männliche und das Weibliche vollkommen in sich vereinigt.
Wenn wir lernen, den dionysischen Archetyp in uns zu erkennen, werden wir uns unserer eigenen männlichen und
weiblichen Aspekte mehr bewußt und können sie besser akzeptieren.

Die Bedeutung dieser psychologischen Androgynität wurde
mir eines Tages sehr eindringlich nahegebracht, als ich mit
einem Freund zusammen einen hohen Berg in Indien be-
stieg, um den Tempel des Gomata (der in einer späteren
Inkarnation die Religion des Jainismus begründete) zu be-
sichtigen. Diese große, zwanzig Meter hohe Statue, aus einem
einzigen Steinblock herausgemeißelt, steht am Ende eines
Aufgangs von achthundert Stufen auf dem Gipfel des Berges.
Und zu ihren Füßen – direkt in Höhe des Zehennagels, der
sich etwa in Menschenhöhe befindet – sieht man sich der
wunderschönen lebensgroßen Statue einer großartigen,
drallbrüstigen Göttin gegenüber.

»Was für eine schöne Göttin!« rief ich vor meinem Freund
aus. Und er entgegnete mit einem Lächeln: »Ich muß dir

sagen, daß dies keine Göttin ist, sondern ein Gott.« Überrascht sagte ich: »Erklär mir das bitte.« »Nun«, sagte er. »Vor dem Sündenfall des Menschen wurde ein Säugling sowohl von seinem Vater als auch von seiner Mutter gestillt. Auf diese Weise wurde ein Held herangezogen.«

Wie zu jeder Zeit der Geschichte ist das auch heute noch eine psychologische Wahrheit. Wenn Sie die heldenhafte Seite in sich nähren wollen, müssen Sie sie sowohl mit Ihren männlichen als auch mit Ihren weiblichen Wesenszügen versorgen. Damit werden Sie die dionysische Qualität in sich hervorrufen.

Anima und Animus

Wohin sollen wir uns wenden, um den unterdrückten Dionysos in uns zu finden? Er lebt eine versteckte Existenz und sucht sich die Plätze aus, die unserer Kontrolle nur zum Teil oder gar nicht unterstehen. Ganz sicher ist auch das Reich der Anima und des Animus einer dieser Plätze. In Jungs Begriffen ist Androgynität die Integration von männlichen und weiblichen Seelenbildern. *Anima*, das Weibliche, bedeutet »Seele«; *Animus*, das Männliche, »Geist«. Die Anima des Mannes erscheint ihm in seinen Träumen als Frau; die Frau träumt von ihrem Animus als einem Mann. Die Jungsche Psychologie würde sagen, daß wir, wenn wir vom gegenteiligen Geschlecht träumen, tatsächlich von unserem Seelenbild träumen, auch wenn das Bild eine real existierende Person darstellt.

Wir neigen natürlich dazu, die Eigenschaften unseres jeweiligen Geschlechtes stärker zu betonen. Um psychologisch und spirituell ganz zu werden, muß jedoch jeder von uns seine männlichen und weiblichen Qualitäten zu einer Synthese zusammenbringen. In Jungschen Begriffen repräsen-

Kopf einer Dionysos-Statue, bei der die weiblichen Züge des Gottes mehr in Erscheinung treten (Marmor, aus Thasos, 3. Jh. v. Chr.).

tiert Dionysos die vollkommene psychologische Harmonie. Dionysos ist weder ein Mann, der von einer Frau träumt, noch eine Frau, die von einem Mann träumt: Er ist beides; er nährt sich selbst und ist vollständig.

Heutzutage wird viel von Androgynität gesprochen. Die »neue Androgynität« wird auf den Seiten der Modemagazine bejubelt: Mädchen kleiden sich in Sweatshirts und Blue Jeans, Jungen tragen rosa Hemden und Ohrringe. Weil uns bewußter geworden ist, daß unsere Sprache die Geschlechtsrollen stereotyp festlegt, sind Putzfrauen zu Reinigungskräften, Stewardessen zu Flugbegleitern und Feuerwehrmänner zu Löschtrupps geworden. Viele Frauen arbeiten heute in Berufen, die ehemals als »Männerberufe« galten, und mehr Männer bleiben zu Hause, um auf die Kleinkinder aufzupassen.

Einigen von uns gefällt es, sich von den alten Rollenklischees wegzubewegen; andere dagegen fühlen sich dabei unwohl. Ich glaube, das Unbehagen rührt daher, daß wir es dabei mit rein äußeren Veränderungen zu tun haben – Kleidung, Namen, Rollen –, ohne daß wir uns innerlich verändert und sowohl mit unseren männlichen als auch mit unseren weiblichen Aspekten angefreundet haben.

Es steht außer Frage, daß Männer und Frauen verschieden sind. Es ist ganz natürlich, daß die beiden Geschlechter entgegengesetzte Aspekte des menschlichen Spektrums zum Ausdruck bringen. Männer und Frauen unterscheiden sich körperlich voneinander. Emotional und psychologisch existiert ein breites Spektrum. Was die Kluft zwischen beiden aber vertieft, ist, daß wir als Männer und Frauen in unserer Gesellschaft so unterschiedlich erzogen wurden, daß wir tatsächlich die Welt mit verschiedenen Augen betrachten. Die meisten Frauen sind – subtil oder direkt – dazu erzogen worden, anderen zu gefallen, zu dienen und ihren eigenen Willen aufzugeben. Männern wird beigebracht, die Initiative zu ergreifen, etwas zu kreieren, verwegene Entscheidungen zu treffen und »unbekanntes Gebiet zu erobern«. Wir leiden unter unseren selbst erschaffenen Rollenklischees: Männer sind »stark«, Frauen »schwach«; Männer sind »rational«, Frauen hingegen »irrational«; Männer »verdienen die Brötchen«, Frauen bringen sie auf den Tisch. Erst bürden wir uns diese Last selbst auf, und dann fragen wir uns, warum wir sie nicht tragen können. Wir wissen – ob bewußt oder unbewußt –, daß diese Etiketten und Erwartungen Unsinn sind, aber sie zu überwinden ist sehr schwer.

Unsere jüdisch-christliche Tradition hat in heldenhafter Anstrengung dafür gesorgt, daß die Wiedervereinigung der beiden Seiten zur göttlichen Androgynität in jedem von uns verhindert wird. Im orthodoxen Judentum dürfen Männer und Frauen zum Beispiel nicht zusammen beten; sie müssen in verschiedenen Abteilungen des Tempels sitzen. Männer sprechen über Frauen und Frauen über Männer, als gehörten beide unterschiedlichen biologischen Spezies an. Frauen schütteln den Kopf und sagen: »Männer? Die sind doch alle gleich.« Männer entgegnen: »Frauen? Du kannst nicht mit ihnen und nicht ohne sie leben.« Weil wir den Kontakt mit unserer Anima oder unserem Animus verloren haben, sind wir auch miteinander und mit dem dionysischen Prinzip nicht mehr in Kontakt, obwohl doch dieses, wenn wir es erfahren würden, uns soviel Freude und Ekstase schenken könnte.

Mann-Frau-Beziehungen

In unserem Privatleben fechten wir unsere Anima-Animus-Kämpfe mit unseren Partnern aus. Dionysos gilt als der einzige Gott, der sich niemals mit seiner Frau zankte. Psychologisch gesehen war er mit seinen männlichen und weiblichen Aspekten vollkommen in Frieden.

Wenn wir nicht mit unserem inneren Mann oder unserer inneren Frau kommunizieren können, sind wir auch nicht imstande, mit dem realen Mann oder der realen Frau zu kommunizieren, mit denen wir uns auseinandersetzen müssen. Wenn Sie sich in Ihrem Privatleben objektiv beobachten können, werden Sie sehen, daß Familienkräche eher einem Ritual gleichen als dem gegenseitigen Verständnis dienen. Wenn Sie selbst beteiligt sind, werden die Emotionen des Augenblicks Sie natürlich blind für diese Tatsache machen. Aber wenn Sie nur einen kleinen Schritt beiseite treten können, werden Sie sofort sehen, daß Streitereien – die fast immer ein Anima-Animus-Tauziehen darstellen – zu nichts führen. Sie klären niemals irgend etwas. Im besten Falle helfen sie vielleicht, Energie zu entladen; aber das heißt lediglich, daß man den Kampf erneut aufnehmen muß, sowie sich wieder Energie aufgestaut hat. Hier gedeiht ein minderwertiger Dionysos. Wenn man bei einem Familienkrach anwesend ist, kann man leicht denken, daß die Familie hoffnungslos dem Untergang geweiht ist. Aber gewöhnlich kitten die Teilnehmer sich wieder zusammen, um am nächsten Tag weiter zu streiten.

Spirituelle Gefährten

Dionysos heiratete Ariadne, die Königin von Athen, die keine gute Ehe mit Theseus geführt hatte – vielmehr setzte dieser sie auf einer Insel aus, von der Dionysos sie später rettete. Ariadne heiratete dann Dionysos als ihren zweiten, *spirituellen* Ehemann.
Viele verheiratete Frauen nahmen zu jener Zeit Dionysos zum zweiten Mann. In der katholischen Kirche wählen die Nonnen Jesus als spirituellen Ehemann. In unserer heutigen Zeit wählen in anderen Kulturen als der unseren Schamanen die

Dionysos und Ariadne mit einem Eros (Schale, Ausschnitt,
Meleager-Maler, 4. Jh. n. Chr.).

menschliche Frau oft als ihre zweite Frau, weil sie bereits mit
der inneren Geistgöttin, der Anima, als ihrer ersten Frau
verheiratet sind.

Von einem Schamanen der amerikanischen Ureinwohner
hörte ich einmal folgende sehr rührende Geschichte. Sein
Mittelsmann ging zu einer jungen Frau und sagte: »Der Schamane möchte dich für seine Frau, denn er ist bereits mit

seiner spirituellen Frau verheiratet. Und wenn du ihn heiraten solltest, mußt du begreifen, daß du seine zweite Frau sein wirst und in diesem Sinne eine untergeordnete Position einnimmst.«

Viele Menschen haben eine spirituelle Frau oder einen spirituellen Mann, ob es ihnen gefällt oder nicht – und sogar ob sie es wissen oder nicht. Und manchmal haben ihre Gefährten aus Fleisch und Blut das Gefühl, gegenüber einer unbekannten Person den zweiten Platz einzunehmen. Sehr oft verstehen sie überhaupt nicht, was da passiert.

Die vielleicht bekannteste spirituelle Ehefrau in der Literatur ist Dantes Beatrice, die ihn durch Himmel und Hölle geführt hat. Er war mit Beatrice viel mehr verheiratet als mit seiner wirklichen Frau, über die wir so wenig wissen. Einmal kam die Frau eines Patienten unangemeldet in mein Büro und übernahm die Stunde ihres Mannes. Sie sagte: »Ich möchte Sie warnend darauf hinweisen, daß ich für meinen Mann nicht die Beatrice spielen werde.« Sie wollte nicht, daß ihr Mann sie als ideale Frau betrachtete, sie wollte um ihrer selbst willen geschätzt werden. Idealisiert zu werden, kann eine außerordentlich schwierige Situation sein, die die Notwendigkeit unterstreicht, unsere eigene innere Frau und unseren eigenen inneren Mann zu kennen.

Lust verneinen

Anima und Animus sind mächtige psychologische Kräfte, die sich auf unser Leben verheerend auswirken können, wenn sie unbewußt gelebt werden. Als Archetyp ist Dionysos unsterblich wie die Seele. Der Körper stirbt, die Seele lebt weiter – oder kehrt, wie in vielen östlichen Religionen, auf ihrer Suche nach Ganzheit für ein neues Leben auf die Erde zurück. Wenn wir Dionysos verneinen, verneinen wir unsere

Seele; und wenn wir unsere Seele verneinen, geraten wir auf gefährliche Weise aus dem Gleichgewicht.

Wenn wir Dionysos unterdrücken, ist das für uns gleichbedeutend damit, daß wir Ekstase unterdrücken. Unsere übermäßige Identifikation mit dem Denken hat uns dazu geführt, Empfindung und Intuition geringzuschätzen. Östliche Religionen, die oft als Bastion für Spiritualität gelten, achten den Körper und betrachten ihn als legitimes Werkzeug für die Erleuchtung. Im Hatha Yoga, im chinesischen Taoismus, im Tantra Yoga und anderen Richtungen gilt die Welt der Sinne als Pfad zur göttlichen Einheit. Im Westen jedoch hat die jüdisch-christliche Tradition ihr möglichstes getan, die Vereinigung von Erde und Himmel zu verhindern.

Die Achtung und Anerkennung unseres körperlichen Selbst ist im allgemeinen begleitet von Schuldgefühlen und Ängsten. Wir haben das Gefühl, die Ekstase körperlicher Lust mit Alkohol, Scham oder Schuldgefühlen dämpfen zu müssen. Oder wie ein Franzose von den Engländern einmal sagte: Sie nehmen ihre lustvollen Erfahrungen so schwer!

Die jüdische Tradition übernahm in ihren Bräuchen die Unterdrückung des Dionysos niemals in dem Ausmaß wie die angelsächsische Welt. Ein jüdisches Sprichwort besagt, daß uns all die legitime Lust, die wir uns auf Erden versagen, auch im Himmel versagt bleiben wird. Wenn wir uns die dionysische Erfahrung nehmen, nehmen wir uns auch die Möglichkeit, uns selbst, unsere Gefährten, den Lebensprozeß und die Freude wirklich zu erfahren. Wir versagen uns den Himmel auf Erden.

8. Die Wiederkehr des Sündenbockes

Dann soll Aaron seine beiden Hände auf den Kopf des lebendigen Bockes legen und über ihm bekennen alle Missetat der Kinder Israel und alle ihre Übertretungen, mit denen sie sich versündigt haben, und soll sie dem Bock auf den Kopf legen und ihn durch einen Mann, der bereit steht, in die Wüste bringen lassen, daß also der Bock alle ihre Missetat auf sich nehme und in die Wildnis trage; und man lasse ihn in der Wüste.

Das dritte Buch Mose 16, 21 – 22

Zur Zeit des Alten Testaments wurden an Jom Kippur, dem jüdischen Versöhnungstag, sämtliche Sünden des jüdischen Volkes auf den Rücken eines Ziegenbocks geladen. Der Bock wurde dann in die Wüste getrieben, als Bild dafür, daß er alles Üble mit sich forttrug. Bis auf den heutigen Tag machen wir bestimmte Gruppierungen zum »Sündenbock« und geben ihnen aus Bequemlichkeit die Schuld an allen Mängeln unserer Gesellschaft.

Irgend jemand – ich wünschte, ich wüßte, wer es war – hat unser Zeitalter als eines definiert, in dem die Sündenböcke des Alten Testamentes nach Hause zurückkehren. Angeführt werden sie vom ursprünglichen Sündenbock – Dionysos.

Die Ziege

Die Griechen führten eine machtvolle Zeremonie durch, um den Fortbestand des ekstatischen Prinzips zu sichern. Sie nahmen eine junge Ziege, die Dionysos symbolisierte, schnitten sie in sieben Stücke und brieten sie in der Milch des Muttertieres. Psychologisch gesehen nahmen sie die irrationalen, sprunghaften Eigenschaften, die die Ziege symbolisiert, töteten sie und gaben sie der Unterwelt zurück, dorthin, von wo sie kam. Sie legten die Ziege in die Milch ihrer Mutter, um sie ihrem Ursprung, wo nur Frieden und Glück existieren, wieder zuzuführen. Dann aßen sie sie in einer Art von Abendmahl. Dieses Vorgehen war das höchste Symbol für die ekstatische Qualität, das die Griechen ersinnen konnten.

Die Römer übernahmen diese ekstatische Qualität und pervertierten sie, indem sie aus Dionysos Bacchus machten und ihn zum Gott der Trunkenheit krönten. Ihre Kultur schwelgte in Materialismus und Exzessen, und Dionysos wurde entstellt, um ihren Zwecken zu dienen.

Nicht besser erging es ihm bei den Juden, die wie die Griechen lange Zeit, bevor ihre Geschichtsschreibung begann, ein matriarchalisch ausgerichtetes Leben geführt hatten. Dionysos war für die Juden kein Fremder. Münzen aus dieser Epoche, die in der Nähe von Gasa gefunden wurden, zeigen auf der einen Seite Dionysos und auf der anderen Jehova.

Etwa um diese Zeit haben die Juden – zumindest in ihrem kollektiven Unbewußten – offensichtlich beschlossen, eine patriarchalische Gesellschaft zu etablieren, die fast ausschließlich auf männlich orientierten Gesetzen beruhte und von dem rachsüchtigen, richtenden Jehova regiert wurde. Das Erbe dieser Entscheidung haben wir bis auf den heutigen Tag zu tragen. Unsere Vernünftigkeit und Disziplin haben ihren Ursprung zu großen Teilen in dem jüdischen Genius, der sich in der Errichtung einer patriarchalischen Gesell-

schaft zeigte. Aber die Juden konnten das nur bewerkstelli-
gen, indem sie Dionysos, die andere Seite der Medaille, fast
vollkommen unterdrückten.

Glücklicherweise lebt ein kleiner Teil von Dionysos in der
jüdischen Tradition fort – sehr viel mehr als in der christlichen Tradition, wie sie im Großteil der westlichen Welt prak-
tiziert wird. Das Judentum hat als Kultur niemals seine Spontaneität, seine Liebe zum Tanz und seinen Humor verloren.
Aber diese Eigenschaften waren bei den Juden so stark ausgeprägt, daß sie unbewußt fürchteten, davon überwältigt zu
werden. Also taten sie einen Deckel darauf. Und ich glaube,
daß die Juden auf dem Höhepunkt ihrer Geschichte ein
schönes kulturelles Gleichgewicht erreichten – den Funken
und den Spaß des Dionysos vereint mit einem ausreichenden
Maß an patriarchalischen Elementen, die Strukturen setzten.

Der Zug des Dionysos (Mischgefäß aus Ton, Ausschnitt, um 450 v. Chr.).

Aber in der westlichen Welt haben wir Spontaneität und Heiterkeit vergessen und nur Jehova übernommen, den Gott der Rache, der das Gesetz auf uns herabfahren läßt.

Die Juden verbannten die dionysische Qualität auf sehr interessante Weise. Im Buch Mose heißt es: »Es ist verboten, ein Zicklein in der Milch seines Muttertieres zu sieden.« Dieses seltsame Verbot ist Ausdruck des Prozesses, die dionysische Qualität, die in der griechischen Welt, die die Juden umgab, so stark präsent war, auf ewig zu vertreiben.

In orthodoxen jüdischen Haushalten gibt es bis auf den heutigen Tag zwei Kochgeschirrausrüstungen – eine für Fleisch und eine für Milchprodukte. Alles, was mit Fleisch gekocht wird, wird auf nur dafür bestimmten Tellern serviert, mit entsprechendem Besteck gegessen und in einem eigenen Abwaschbecken gespült. Und das gleiche Verfahren wird bei Nahrung aus Milchprodukten angewendet. Auf diese Weise kommt das Zicklein niemals wieder mit der Muttermilch zusammen. Die dionysische Qualität ist verbannt.

Diese enorme Anstrengung auf seiten der Juden, in einer Welt, die vor allem durch das griechische Denken geprägt wurde, ihre Identität aufrechtzuerhalten, hat noch heute seine Auswirkungen auf uns, weil wir natürlich der jüdisch-christlichen Tradition folgen und rund um uns den Werten des Alten Testaments begegnen. So ist der Dionysos in uns offiziell vernichtet worden.

Das Schaf

Der Ziege war nun der Zutritt verboten. Was also tat das Judentum und später die Christenheit, um sich ein Symbol zu verschaffen? Sie adoptierten das Schaf, »das Lamm Gottes, das unsere Sünden hinfortträgt« – ein Symbol, wie man es gegensätzlicher nicht hätte erfinden können.

Das Schaf ähnelt mit Sicherheit nicht der mutwilligen Ziege. Es ist fügsam, das ewige Opfer. In der Bibel wird oft darauf hingewiesen, daß die Schafe mit den Ziegen nichts gemein haben. Wir haben das für unser westliches Denken als Trennung in richtig und falsch, edel und niedrig, Recht und Unrecht übersetzt. Diese Mythologie ist uns so in Fleisch und Blut übergegangen, daß die Eigenschaften der Ziege, die ekstatischen dionysischen Qualitäten, in uns heute nach wie vor nicht leben.

Schafe repräsentieren all das, was in unserer jüdisch-christlichen Welt von Wert ist. Tatsächlich ist unsere Währung hauptsächlich durch das Schaf bestimmt worden. Sämtliche Währungen in der westlichen Welt – der Schilling, der Franc, die deutsche Mark, die Lira, der Peso und der österreichische Taler (von dem wir zu unserem Dollar kommen) – entsprachen dem Preis für ein Schaf. Jahrhundertelang gab es in der westlichen Welt keine Inflation, weil unsere Währungseinheiten dem Wert eines Schafes entsprachen. Darauf konnte man überall und zu jeder Zeit zählen.

Der Sündenbock

Das Schaf hatte also seinen festen Platz, und die Ziege, Dionysos, war völlig außen vor. Die ekstatische Qualität, die Sprunghaftigkeit des Lebens, die die Griechen so sehr genossen, war in Mißkredit geraten. Die Ziege wurde zum Sündenbock. Sie erhielt einen ganz gemeinen Namen – so gemein, daß er schließlich für die schlimmsten Übel überhaupt stand. Dionysos Melangius, »der Dionysos der schwarzen Ziegenhaut«, war eine alte Darstellung des Gottes in Form eines Sündenbock-Satyrs, dessen Bild die mittelalterliche christliche Vorstellung vom Aussehen des Teufels nachhaltig beeinflußte. Bis auf den heutigen Tag wird der Teufel mit Ziegenhörnern, gespaltenen Hufen und Schwanz dargestellt. Im christlichen Europa des Mittelalters galten Ziegen als besonders lüstern, und man sagte ihnen nach, Vertraute der Hexen zu sein.

Bezeichnenderweise werden meistens Gruppierungen zum Sündenbock gemacht, die nicht an der Macht sind. Das klassische Beispiel dafür ist für unsere Zeit die Judenverfolgung der Nazis in den dreißiger und vierziger Jahren dieses Jahrhunderts. Im Westen sind die typischen Entscheidungstragenden erwachsene, weiße Männer, die verantwortungsvolle Posten innehaben. Unsere Sündenböcke sind demnach diejenigen, die nicht in diese Schablone passen – Frauen, Farbige, Anhänger anderer Religionen, Jugendliche und Künstler. Diesen Gruppen sagen wir die Eigenschaften des Dionysos nach. Von Frauen wird oft behauptet, sie seien irrational, unberechenbar, launenhaft und würden leicht gewalttätig, vor allem in der Sexualität: »Selbst in der Hölle ward keine Raserei gesehen wie die einer verschmähten Frau.« (Erinnern Sie sich noch an Hera?) Vom »typischen« Schwarzen oder Lateinamerikaner sagt man, er sei »auf natürliche Weise musikalisch«. Solchen Menschengruppen kann man keine rationalen Entscheidungen »zutrauen«. Und die Jugend gilt natürlich als hoffnungslos. Ihre Musik ist ein reines Kreischen, ihr Tanzen wild, und sie ist völlig unberechenbar.

Die Sündenböcke kehren heim

Was passiert mit einem Sündenbock? Verschwindet er, um niemals wieder gesehen zu werden? Absolut nicht. Sündenböcke kehren schließlich zu denen zurück, die sie weggeschickt haben.

Unsere Sündenböcke kehren heim, und Dionysos ist derjenige, der sie anführt – er taucht wieder auf aus dem Meer des kollektiven Unbewußten, wird wiedergeboren in unsere Welt und bittet darum, vermenschlicht zu werden, bevor seine archetypische Energie Amok rennt. Wie schon in den uralten Zeiten, wirft der Gott seine Ketten ab, fließt wie der prächtigste Wein und fordert, gehört zu werden.

Und er wird gehört werden, denn die unumstößliche Wahrheit lautet: Du kannst einen Gott nicht töten. Du kannst ihn nur unterdrücken, opfern, in die Unterwelt und eine neue Epiphanie treiben. Aber du kannst ihn nicht loswerden. Wir tragen den Archetyp der Ekstase tief in uns, und er muß mit Würde und Bewußtheit ausgelebt werden. Der Sündenbock, Dionysos, kehrt zurück, und wir müssen ihn erkennen und freudig willkommen heißen.

9. Aufgeblasen oder lichterfüllt?

Was für eine Auftrittseröffnung! Ein vier Meter großer Astronaut, sich frei im Raum bewegend, ein Raumschiff und ein kleines Luftschiff flogen auf Spanndrähten über die Menge hinweg. Vier Minuten lang blinkten Lichter, explodierten Feuerwerkskörper, quoll Nebel überall hervor, und der Lärm war ohrenbetäubend. Tausende von Jungen und jungen Männern drängelten und schoben, tanzten wie die Verrückten und drehten vollkommen auf, als die Band ihren Schallangriff steigerte. ... Auf dem Höhepunkt der Show ... ein riesenhafter aufgeblasener Kopf... quoll unter Nicko McBrains Schlagzeug auf der Mitte der Bühne hervor, stieg über McBrains Kopf nach oben, fünf Meter über der Bühne schwebend.

Bericht über die Heavy Metal Band »Iron Maiden«
von Larry Kelp, Oakland Tribune,
23. Februar 1987

Was aufsteigt, muß auch wieder herunterkommen.

Anonym

Als Semele erfüllt wurde vom freudigen Licht des Zeus, empfing sie Dionysos. Aber als sie das Unmögliche verlangte – nämlich direkt in das göttliche Feuer zu schauen –, wurde sie vernichtet. In Leben und Tod der Semele zeigen sich uns die positive und die negative Seite der dionysischen Energie: Enthusiasmus und Inflation.

85

Enthusiasmus und Inflation

Enthusiasmus ist ein wirklich göttliches Wort, denn es bedeutet »von Gott erfüllt sein« (*en-theo-ism*). Von Enthusiasmus ergriffen sein heißt also, wahrhaft von Gott erfüllt sein. Die Seele weitet sich, während das Selbst angeregt wird – eine wunderschöne Erfahrung, die auch Freude beinhaltet.

Inflation dagegen (und das ist die Bedeutung, die Jung mit diesem Wort verband) bedeutet, mit Luft gefüllt zu sein – im allgemeinen mit heißer Luft. Inflation heißt, aufgeblasen sein, das Ich aufbauschen, arrogant sein. Das kommt immer einer egozentrischen Erfahrung gleich, weil man das Element Luft, den Geist, mit dem Ich gleichgesetzt hat – und dann geht man hoch wie der aufgeblasene Idiot, zu dem man geworden ist.

Wir müssen einen Unterschied machen zwischen einem total berechtigten Enthusiasmus – einem Besuch Gottes – und einer Inflation, auf die immer irgendeine Art von Zusammenbruch erfolgt. Wenn Sie feststellen, daß Sie einen Energiefluß nicht anhalten können, dann *müssen* Sie ihn paradoxerweise anhalten. Wenn Sie nicht die Bremsen ziehen und langsamer machen können, dann tun Sie einfach irgend etwas – steigen Sie aus, springen Sie ab –, aber tun Sie, was Sie können, um aufzuhören. Was ein Eigenleben und eine eigene Triebkraft entwickelt und nicht aufgehalten werden kann, *muß* aufgehalten werden, und zwar so schnell wie möglich. Das ist ein guter Test für Inflation.

Eine Inflation hat immer traumatische Ausmaße; tatsächlich ist sie eine kleine Psychose. Wir drehen ein wenig durch, sind aus unserer eigentlichen Bahn geworfen und werden zum Fanatiker.

Sicher ist keiner von uns gegen die Inflation gefeit – auch ich nicht. Ich werde niemals den Engländer in London vergessen, der, nachdem er still zugehört hatte, wie ich mich über eines meiner jugendlich-skandalösen Themen verbreitete, den Finger sehr entschieden auf mich richtete und sagte: »Sie sind ein Ketzer und ein Fanatiker, Sir.« Ich wurde auf der Stelle nüchtern und bin niemals wieder in diesem Maße Opfer des Fanatismus geworden. Er weckte mich auf.

Induktion und Konduktanz, ein Begriffspaar aus der Sprache der Elektrizität, können erklären helfen, wie Enthusiasmus und Inflation verlaufen. Induktion ist charakteristisch für Enthusiasmus. Sie stehen nahe genug an einer Energiequelle, um von ihr energetisch aufgeladen, gewärmt oder stimuliert zu werden, wobei aber keine Energie aus der ursprünglichen Quelle direkt in Ihr eigenes System fließt. So können Sie sich zum Beispiel sicher aufwärmen, indem Sie in der Nähe eines Radiators stehen. Konduktanz hingegen beruht auf einem direkten Kontakt mit einer Energiequelle. Ein Teil dieser Energie durchflutet Sie direkt – als würden Sie Ihren Finger in eine Steckdose stecken.

Sämtliche Transformatoren funktionieren nach dem Prinzip der Induktion. Elektrizität mit entsprechender Voltzahl läuft durch eine Schnur und wieder zum Ausgangsort zurück. Andere Schnüre, die dicht daneben verlaufen, werden, angeregt durch die Induktion, ebenfalls energetisch aufgeladen und zweigen ihren Teil an Energie zum Beispiel für den Haushaltsgebrauch ab – im allgemeinen handelt es sich hierbei um Strom von geringerer Voltzahl. Aber die Energie des ersten Stromkreises läuft niemals direkt in den zweiten Kreis. Dies ist eine ausgezeichnete, sichere und kontrollierbare Transformation von Energie. Semele konnte von Zeus geschwängert werden, weil er im transformierten Zustand vor ihr erschien. Sie empfing den Gott durch Induktion. Auf diese Weise können wir uns dicht in Gottes Nähe oder in der Nähe des kollektiven Unbewußten aufhalten und uns dabei in Sicherheit befinden. Von 100.000 Volt unbewußter Energie, die ihren Weg nehmen, wird in unserem menschlichen

Leben 220-Volt Haushaltsstrom erzeugt, und wir werden davon »erleuchtet.«

Aber sollte es zur Konduktanz kommen, würde etwas von den 100.000 Volt direkt auf das zweite System überspringen und es in die Luft jagen. Das wäre so, als würden plötzlich 100.000 Volt in Ihre Wandsteckdosen fließen. Dadurch würde alles zertrümmert werden! Kein Wunder, daß Semele verbrannte, als sie direkt in das feurige Gesicht von Zeus, dem Gott des Blitzes, schaute.

Induktion erzeugt also Enthusiasmus und Konduktanz Inflation. Mit diesen Vorstellungsbildern läßt sich gut weiterarbeiten.

Inflation: Treten Sie auf die Bremse

Inflation, die Konduktanz, veranlaßt uns dazu, daß wir uns wie die Verrückten verhalten. Das ist deswegen so scheußlich, weil es der Betrunkenheit gleicht – Dionysos in seiner degradierten, bacchantischen Form. Wenn Sie betrunken werden, verlieren Sie als erstes die Fähigkeit zu sehen, daß Sie betrunken werden.

Den ersten Wink, daß ich mich auf dem Weg zur Inflation befinde und aufgeblasen werde, gebe ich mir nicht selbst, denn an diesem Punkt ist es bereits zu spät – ich bin von mir selbst zu sehr eingenommen, als daß ich mich objektiv sehen könnte. Wie erfahre ich es also? Wenn ich einen Vortrag halte, höre ich einen scheußlichen Ton, der von der gegenüberliegenden Wand als Echo zurückhallt. Ich höre dieses hohe Winseln, ein Klagen, und weiß, daß ich zur Inflation übergegangen bin – was jedem, der mir zugehört hat, bereits seit der letzten halben Stunde schmerzlich bewußt ist. Wenn ich diesen Ton vernehme, höre ich also einfach auf zu sprechen, atme tief durch und fahre auf menschlichere Weise fort.

Leider ist die Inflation jedoch für viele von uns zur Norm geworden. Eine Sache muß übertrieben werden, damit sie für uns von Interesse ist. Autohändler versuchen, uns zum »Kauf des Jahrhunderts« zu bewegen; wenn wir einfach nur die Straße entlang gehen wollen, müssen wir uns unseren Weg durch einen Wald von Leuchtreklamen bahnen, die verzweifelt ihre Botschaften blinken, um unsere Aufmerksamkeit zu erhalten. Imbißstuben haben keine kleinen Portionen, nur »normale« und »große«. Wir modernen Menschen sind so abgestumpft, daß wir das Gefühl haben, überhaupt nicht lebendig zu sein, wenn wir nicht übertreiben. Wir müssen mit quietschenden Reifen vorfahren und uns das Trommelfell volldröhnen.

Wir sind geistigen Dingen gegenüber so abgestumpft, daß wir aktiv auf der Suche nach der Inflation statt nach Enthusiasmus sind. Und weil wir mit Dionysos so oft in Form einer Inflation abgespeist werden – Nacktänze am Strand, Gruppensex, gröhlende Besäufnisse und Streifzüge durch die Stadt –, hat er einen sehr üblen Ruf bekommen. Das ist der schwerste Kampf beim Thema Dionysos: die Tatsache, daß fast alles, was als Beispiel für ihn steht, als zerstörerische Inflation in die Welt einbricht.

Der negative Dionysos ist vielleicht niemals so destruktiv aufgetreten wie im Nationalsozialismus, der in den dreißiger und vierziger Jahren in Deutschland die Juden auf so schreckliche Weise zu Sündenböcken machte. Die Basis bildete legitimes Material, das sich aus dem kollektiven Unbewußten der Deutschen ergoß. Aber es heftete sich an das kollektive deutsche Ich, um zu einem der schlimmsten Fanatismen und zur größten Inflation zu werden, die die Welt jemals erlebt hat. Und welche Trümmerhaufen hinterließ der negative Dionysos bei seinem Erwachen!

Die einzelnen Umstände des Aufstiegs des Nationalsozialismus sind außerordentlich interessant. Jung sagte, er habe schon bald nach dem Ersten Weltkrieg das Gefühl gehabt, daß sich in der Psyche der Deutschen etwas zusammenbraue. Seinen ersten Artikel über dieses Thema schrieb er im Jahre 1921, und darin ist von der blonden Bestie die Rede, die das Unbewußte der Deutschen aufwühle. Die Bestie kam Anfang der dreißiger Jahre als Nazismus zum Vorschein und entwickelte sich zum Zweiten Weltkrieg, einem Wirbelsturm, der ganz Europa verwüstete. Was für eine Lektion! Jung hatte das Gefühl, daß es Wotan sei, der deutsche Dionysos, der der Nazi-Bewegung Energie verlieh und sie anfeuerte. Wotan wurde der Berserker genannt, ein Wort, das die englische Sprache übernommen hat und das dort »das, was Amok gelaufen ist«, bedeutet.

Seit Jahrhunderten war in Europa geweissagt worden, daß das Dritte Reich hier zum Aufstieg gelangen und Europas Rettung sein würde. Natürlich wußte Jung davon, und als der Nazismus sich aus dem deutschen Unbewußten zu ergießen begann und als Drittes Reich bezeichnet wurde, zeigte er ein waches Interesse. Er beobachtete und wartete, schaute hin und fragte sich: War dies der verkündete Wotan, der hervorbrach, um dem Europa des zwanzigsten Jahrhunderts die Erleuchtung zu bringen?

Eines Tages hatte Jung in Deutschland Gelegenheit, einer Hitler-Versammlung beizuwohnen und den Führer sprechen zu hören. Jungs sämtliche Hoffnungen wurden zerschmettert, ihm begegnete »der reine Wahnsinn«. Sein Protest gegen die Nazis begann und wurde so laut, daß die Nazis vor Ende des Krieges einen Preis auf Jungs Kopf aussetzten.

Enthusiasmus

Wenn wir erschreckende Beispiele für die negative dionysische Energie sehen, so wie den Nazismus, haben wir zu Recht

Angst davor, in irgend einer Form mit der dionysischen Qualität in uns zu arbeiten. Wir sagen: »Dionysos ist zu gefährlich. Er treibt Menschen zu Verrücktheiten.« Das ist in etwa das Gleiche, als würden wir sagen, daß man niemals in ein Krankenhaus gehen solle, weil Menschen dort so oft sterben. Das Argument ist zwingend, aber es hält nicht stand. Wenn wir den Unterschied verstehen zwischen Enthusiasmus, erfüllt sein von Gott, und Inflation, aufgeblasen sein mit heißer Luft, sind wir ziemlich sicher.

Wie können wir also Dionysos wieder in unser Leben einladen und uns dabei sicher fühlen? Mit Enthusiasmus! Um Ekstase würdevoll und bewußt zum Ausdruck zu bringen, müssen wir ihr direkt und mit freudiger Akzeptanz begegnen. Enthusiasmus hebt den Abstand zwischen den Gegensatzpaaren auf, und das schenkt uns eine ekstatische Freude. Der Besuch von Gott, den Enthusiasmus uns schenkt, transzendiert die Dualitäten in unserem Leben – das entweder/oder – und bringt sie zu einer Synthese. Das ist eine Erfahrung von unschätzbarem Wert. Für eine kurze Zeit – denn länger können wir es nicht aushalten – hören die Gegensätze auf, uns zu quälen. Wenn wir das Kreuz der Gegensätze transzendieren, werden wir zu ekstatischer Freude finden.

10. Die Verbindung zu Gott

Man hat keine minderwertige Funktion, sondern sie hat einen.

C.G. Jung[15]

Pentheus, Lykurgos, die Mannschaft des Piratenschiffes – keiner dieser Männer konnte Dionysos kontrollieren. Der Lebensfluß kann nicht mit Seilen oder Regeln aufgehalten werden. Auf die gleiche Weise können wir die angeborene Freiheit dieses ekstatischen Archetyps letzten Endes auch in uns nicht kontrollieren oder verneinen. Sie wird immer wieder hervorbrechen: Das ist ihre Natur.

Wir müssen also danach trachten, die ekstatische Erfahrung willkommen zu heißen, statt sie abzuwehren. Vielleicht fühlen wir uns mit dieser empfangenden Haltung unbehaglich, weil wir etwas einladen, das wir nicht ganz verstehen und über das wir die geringste Kontrolle haben. Diesen Teil in uns, der am wenigsten Kontrolle hat, nennt Jung die *minderwertige Funktion*, und über ihn kommen wir schließlich auch mit unserer unerschlossenen dionysischen Energie in Kontakt.

Die vier Funktionen

Wir haben durch das ganze Buch hindurch immer wieder von den Bereichen des Denkens und Fühlens, der Empfindung und der Intuition gesprochen. Jetzt ist es an der Zeit, diese Begriffe näher zu erforschen und herauszufinden, was sie mit der dionysischen Erfahrung zu tun haben.

Nach der Jungschen Psychologie weist die menschliche Persönlichkeit vier Aspekte oder *Funktionen* auf, die in zwei Gegensatzpaaren angeordnet sind. Das erste Paar ist *Denken* und *Fühlen*, das zweite Paar *Intuition* und *Empfindung*. Das erste Paar ist rational, das zweite irrational.

Beim Denken geht es um das rationale, intellektuelle Funktionieren, um das, was wir über die Dinge denken. Fühlen hat mit unseren Werten zu tun, damit, wie wir eine Situation emotional empfinden. Die Intuition umfaßt die nonverbale, irrationale Wahrnehmung von Ideen, Schlußfolgerungen und Situationen. Die Empfindung hat zu tun mit der nicht-rationalen Sinneswahrnehmung der Welt physischer Gegenstände – ihrer Größe, Formen, Farben, Gerüche und Töne. Jung beschrieb die vier Funktionen folgendermaßen:

Der Empfindungsvorgang stellt im Wesentlichen fest, daß etwas ist, das Denken, was es bedeutet, das Gefühl, was es wert ist, und die Intuition ist Vermuten und Ahnen über das Woher und das Wohin. Empfinden und Ahnen bezeichne ich als irrationale Funktionen, indem sich beide auf das schlechthin Vorkommende und Gegebene richten. Denken und Fühlen hingegen sind als Urteilsfunktionen rational. Die Empfindung ... schließt insofern die gleichzeitige intuitive Betätigung aus, als diese sich nicht um das gegenwärtige Sein, sondern vielmehr um dessen nicht sinnenfällige Möglichkeiten kümmert und sich darum nicht allzusehr von der gegenwärtigen Wirklichkeit darf beeinflussen lassen. Gleichermaßen steht das Denken im Gegensatz zum Fühlen, da das Denken sich nicht durch Gefühlswerte ablenken oder beeinflussen lassen kann, und ebenso das Gefühl durch zuviel Nachdenken meistens gekränkt wird.[16]

Die erste Funktion setzt sehr früh in unserem Leben ein – die ersten winzigen Anfänge des Bewußtseins. Ist die erste Funktion verankert worden, kommt eine zweite hinzu. Das geschieht in unserer Kultur zu Beginn des Jugendalters. Wenn wir dann bereit sind, wird eine dritte Funktion hinzugefügt. Und das führt uns zu dem gewöhnlichen Alltagsbewußtsein, in dem die meisten von uns leben.

Wir alle »spezialisieren« uns auf eine Funktion, diejenige, die sich am natürlichsten äußert. Diese wird unsere *Hauptfunktion* genannt. Die andere Funktion des Gegensatzpaares, über die wir am wenigsten Kontrolle haben, wird als unsere *minderwertige Funktion* bezeichnet. (Dies ist eine sehr vereinfachte Erklärung. Es ist wichtig zu beachten, daß niemand diese Funktionen im wirklichen Leben so exemplarisch ausdrückt, wie sie theoretisch dargelegt werden können.) Jeder von uns verfügt bis zu einem gewissen Grade über sämtliche dieser Aspekte, und mit Hilfe ihres komplexen Zusammenspiels drücken wir unsere einzigartige Persönlichkeit aus.

Was ist meine minderwertige Funktion?

Es ist verführerisch, dieses Modell auf logische Weise fortzuspinnen und zu denken, daß unsere vierte Funktion, die minderwertige Funktion, bald auftauchen und dann alles wunderbar sein wird. Wenn alle vier Funktionen bewußt wären, wäre man theoretisch ein erleuchtetes Wesen. Aber so sehr wir uns das auch wünschen mögen, geschieht es doch sehr selten. Ich höre Menschen, die mit diesem System vertraut sind, oft sagen: »Ich arbeite an meiner vierten Funktion. Ich habe sie jetzt fast.« Leider geschieht etwas derartiges nicht. Wir gelangen nicht in ordentlicher Reihenfolge zu Funktion eins, zwei, drei und vier. Wenn die vierte Funktion einsetzt, ist das meistens ein totales Desaster – zumindest aus der Sicht des Ich, dessen bloße Existenz davon bedroht zu sein scheint.

Die vierte Funktion repräsentiert das ungelebte Leben, das weiterhin in uns existiert. Weil wir uns niemals direkt damit auseinandergesetzt haben, sind wir natürlich vor Angst fast von Sinnen, wenn es durchbricht! Wir geraten total ins Schwimmen. Unser Ich ist nicht mehr Herr der Lage, und wir haben kein Fünkchen Kontrolle mehr über unser gewöhnliches Verhalten, wie wir sie zu haben glaubten, als nur die drei Funktionen bewußt waren. Im allgemeinen geschieht dies etwa im Alter von fünfundvierzig Jahren, aber die meisten Menschen verschieben es auf eine beträchtlich spätere Zeit – es erfordert sehr viel Reife und Erfahrung, mit dem plötzlichen Auftauchen der inneren Ganzheit umzugehen.

Die Frage lautet an diesem Punkt natürlich: »Wie kann ich herausfinden, welches meine minderwertige Funktion ist?« Ich muß Ihnen leider sagen, daß Jung auf diese Frage einmal entgegnete: »Wie können Sie einen Löwen finden, der Sie gerade verschluckt hat?«

Das primäre Kennzeichen für die minderwertige Funktion besteht darin, daß sie nicht unserer Kontrolle unterliegt. Weil wir sie nicht oft ausgelebt haben, behält sie weiterhin all ihre ursprüngliche Energie. Wenn wir den Großteil der Energie der Hauptfunktion erschöpft haben, wird diese verdünnt und funktioniert nicht mehr adäquat. Dann drängt sich die minderwertige Funktion mit ihrer ganzen ungelebten Energie machtvoll vor.

Gewöhnlich spezialisieren wir uns auf eine dieser vier Eigenschaften. Wahrscheinlich verdienen wir unseren Lebensunterhalt damit und werden vielleicht berühmt dafür. Wenn Ihre Hauptfunktion die *Empfindung* ist, kommen Sie in der physischen Welt gut zurecht. Sie verfügen, ohne bewußt darüber nachdenken zu müssen, über ein Wissen über Größe, Form, Farbe, Material und Ort der Dinge und Wesen, von denen Sie umgeben sind. In diesem Fall ist die Intuition Ihre minderwertige Funktion. Konkrete Erklärungen sind Ihnen äußerst angenehm. Vielleicht fällt es Ihnen aber enorm schwer, mit dem Unbekannten umzugehen, und Sie bevölkern die Zukunft mit den außer Kontrolle geratenen Zahlen Ihrer Intuition.

Sämtliches unterdrückte Material in unserer Persönlichkeit

beginnt automatisch, um unsere minderwertige Funktion zu kreisen. Lassen Sie uns zum Beispiel den typischen Denker betrachten. Die meisten Menschen werden diesen Typen verstehen, weil er in unserer an Fakten orientierten Gesellschaft vorherrschend ist. *Denktypen* machen informierte Aussagen über Situationen – gut oder schlecht, richtig oder falsch. Wenn Sie ein Denktyp sind, sind Sie, wenn Sie sich um drei Uhr morgens im Bett hin- und herwerfen, Opfer Ihrer minderwertigen Funktion, des Fühlens. Alles Orgiastische, Unkontrollierte, all die vagen Sehnsüchte nach tropischen Paradiesen preschen auf dem Weg über Ihre minderwertige Funktion vor.

Bei *Fühltypen* verlaufen rationale Wahrnehmungen auf der emotionalen Ebene, und sie stufen die Dinge als angenehm oder unangenehm, schrecklich oder wunderbar ein, je nachdem, wie sie sich im Augenblick gerade fühlen. Wenn Sie ein Fühltyp sind, quälen Sie sich vielleicht mit einer Orgie minderwertigen Denkens im dionysischen Stil. Vielleicht entwerfen Sie dreimal in der Woche Utopien und Gärten Edens – aber so schnell, wie Sie mit diesen Phantasien aufsteigen, stürzen Sie damit auch wieder ab!

Intuitive Typen nehmen die gesamte Situation – den Hintergrund, die Gegenwart und das mögliche Ergebnis – auf nicht rationale Weise wahr. Sie tun das, ohne bewußt darüber nachzudenken. Wenn Sie intuitiv sind, haben Sie eher allgemeine Eindrücke und abstrakte Gedanken als konkrete Details vor sich, und Ihre minderwertige Funktion ist die Empfindung. Ich kannte einmal einen Architekten, der eine wunderbare Intuition besaß. Unglücklicherweise veranlaßte diese ihn, einen absolut schönen Buchladen mit gekurvten Wänden zu bauen, in dem es keine Möglichkeit gab, auch nur ein einziges Bücherregal zufriedenstellend anzubringen. Versuchen Sie niemals, Ihren Lebensunterhalt mit Ihrer minderwertigen Funktion zu verdienen!

Die minderwertige Funktion unter Druck

Auch wenn Sie Ihre Hauptfunktion bis an die Grenze belasten, wird sie Ihnen immer bis zum Ende beistehen. Aber Ihre minderwertige Funktion müssen Sie um jeden Preis schützen, weil sie unter Druck durchdreht. Ich will Ihnen ein Beispiel dafür erzählen.

Ich ging einmal mit einem Freund von mir, einem soliden Empfindungstyp, los, um ihm beim Kauf seines ersten Wagens zu helfen. Meine minderwertige Funktion ist das Denken – tatsächlich ist Denken für mich ein Alptraum. Was bei mir wie Denken aussieht, ist Intuition, die wie ein Deckel über das leere Loch gestülpt wird, um es zu verbergen. Das scheint ganz gut zu funktionieren, und ich habe damit ganz anständige Ergebnisse erzielt. Aber es ist kein Denken im Sinne von bewußtem Denken.

Da waren wir also und sahen uns nach einem Wagen um. Ich konnte mir kaum zwei unterschiedlichere Menschen vorstellen! Ich war mit meinen intuitiven und fühlenden Fähigkeiten am Werke und sagte: »Nun, mal sehen. Jetzt gehen wir zum Autohändler und finden heraus, was ein neues Auto kostet, dann schauen wir die Zeitung nach Anzeigen durch, dann beobachten wir Autos auf der Straße, und dann müssen wir entscheiden, ob wir neue Winterreifen kaufen müssen oder bis zum Jahresende damit warten können…« Und ich war gerade dabei, diese Gedanken laut auszuführen, als ich meinen Freund verzweifelt aufstöhnen hörte: »Robert, hör auf damit! Ich kann das nicht ertragen. Wir gehen zum Volkswagenhändler und kaufen einen neuen Wagen, und du wirst kein Wort mehr sagen!«

Dieser ganze Schwall von Möglichkeiten, der da aus meiner Intuition hervorblubberte, war einfach zu viel für ihn. Er konnte das nicht aushalten. Also gingen wir direkt zum Volkswagenhändler, und ich sagte kein Wort mehr von einem anderen Wagen oder Winterreifen. Er fuhr den Wagen nach Hause und sprach vierundzwanzig Stunden lang kein Wort mehr mit mir. Dies alles sind Anzeichen dafür, daß die minderwertige Funktion überstrapaziert wurde. Und doch wird Gottes Glanz Sie genau über diesen wundgescheuerten, verletzlichen Teil erreichen.

Die Verbindung zu Gott

C.G. Jung sagte, daß die minderwertige Funktion immer unsere Verbindung zu Gott darstellt. Er kann auf keinem anderen Wege zu uns kommen. Wir haben ihn an jeder anderen Front erfolgreich ausgesperrt, aber wir können ihn über die minderwertige Funktion nicht abhalten, weil sie nicht unserer Kontrolle unterliegt. Es ist, als würden wir einen Stier in einem rechteckigen Verschlag halten, von dem uns nur drei Seiten gehören. Wir halten diese drei Seiten immer in gutem Zustand, und das Gatter ist sicher verriegelt. Aber die vierte Seite gehört einem Nachbarn, der sich um den Stier nicht kümmert und seinen Zaun nie aufrichtet. Weil wir über diese Seite des Zaunes keine Kontrolle haben, befindet sich hier das Loch, aus dem der Stier hervorgeschossen kommt.
Wie der Stier wird auch die minderwertige Funktion hervorgeschossen kommen. Anders als beim Stier müssen wir aber vor ihr nicht wegrennen. Es geht gerade darum, vor der minderwertigen Funktion nicht wegzulaufen. Wir müssen mit ihr arbeiten und sie aushalten, wenn wir die dionysische Qualität von Ekstase wiedergewinnen wollen, die in ihr verborgen ist.
Nehmen wir an, Ihre Hauptfunktion ist die Intuition. Sie können gut mit Gedanken, Abstraktionen, phantastischen Ideen und Möglichkeiten umgehen. In diesem Fall ist die Empfindung Ihre minderwertige Funktion. Wenn Sie die

Tanz der Bacchantinnen um das Dionysos-Idol (Mischgefäß, Ausschnitt, Dinos-Maler, 5. Jh. n. Chr.).

Welt der sinnlichen Gegenstände und der Technik betreten, haben Sie zwei linke Füße und statt Fingern nur Daumen an den Händen. Wenn Sie mit Ihrer minderwertigen Funktion arbeiten wollen, können Sie einen Samstagnachmittag damit verbringen, ein Vogelhaus für Ihren Garten zu bauen – ein Vorhaben, das zumindest einen blauen Daumen, mehrere Pflaster und ein Produkt von zweifelhafter Qualität nach sich ziehen wird. Aber wenn Sie sich Ihrer minderwertigen Funktion stellen, wird das eine Art von Ekstase in Ihnen wachrufen, wie Sie sie in den vertrauteren Bereichen Ihres Lebens nur selten erleben. In solchen Situationen stellt sich die dionysische Kraft vor.

Die minderwertige Funktion hat oft etwas Zwanghaftes an sich. Wenn wir fanatisch werden, es nötig finden, ein Argument besonders vehement zu vertreten, oder feststellen, daß wir Dinge tun oder sagen, von denen wir wissen, daß sie destruktiv sind, befinden wir uns auf dem Weg zu einer gefährlichen Inflation. Wir erfahren die zwanghafte Natur der minderwertigen Funktion.

Das ist außerordentlich schmerzhaft, aber genau hier können wir wieder Zugang zum dionysischen Geist gewinnen, wenn wir die innere Arbeit tun, die erforderlich ist, um diesen Bereich mit unseren besser ausgebildeten Fähigkeiten zu verbinden. Was konnte Gutes aus Nazareth entstehen? Das Beste und das Höchste. Auf die gleiche Weise kann unsere höchste spirituelle Entwicklung in den Bereichen unseres Wesens ihren Ursprung nehmen, die am wenigsten entfaltet sind.

Wie Dionysos über die minderwertige Funktion eintritt (Ein Traum)

Ich hatte einmal einen sehr eindrucksvollen Traum, der zeigt, auf welchem Wege Dionysos durch die minderwertige Funktion eintritt:

Ein Junge war in einem Fluß ertrunken, und wir sollten seinen toten Körper bergen. Wir erhielten die Anweisung, bei unserer Suche nach ihm nur unsere Füße zu benutzen. Wir konnten weder unsere Hände noch irgendwelche anderen Fähigkeiten einsetzen. Ich watete soweit es ging in das Wasser vor, aber ich konnte den Körper mit meinen Füßen nicht finden. Schließlich reckte ich meinen Kopf hoch, um noch ein bißchen tiefer gehen zu können, und stolperte direkt über den toten Körper. Mit einigen umständlichen Manövern bekam ich den ertrunkenen Körper aus dem Fluß und von dort ins Haus und ins Bett, ohne meine Hände zu benutzen. Dann sah ich erst, daß der Junge ein Licht ausstrahlte, als würde ein Heiligenschein seinen Körper umgeben. Zu unserem Erstaunen setzte der Junge sich auf und begann, Worte von großer Weisheit zu sprechen. In diesem Augenblick flüsterte jemand: »Da kommt seine Mutter. Das hier wird sie härter treffen, als wenn sie ihn tot vorfände.«

Der Traum handelt direkt von meiner minderwertigen Funktion. Sie wird von meinen Füßen repräsentiert, dem untersten Teil meines Körpers. Sie ist die einzige Kraft, mit deren Hilfe ich den verlorenen Teil meiner Persönlichkeit, für den der ertrunkene Junge steht, wiederherstellen kann. Ich hatte wahrscheinlich etwa im gleichen Alter wie der ertrunkene Junge den Kontakt zu meiner eigenen dionysischen Welt verloren, und zwar aufgrund der Erziehung, der ich in meiner durch und durch angelsächsischen Umgebung ausgesetzt war. Nur mit Hilfe meiner minderwertigen Funktion konnte ich den Jungen bergen, ihn zu Bewußtsein bringen und die leuchtende und gewinnende Art wiederentdecken, die er repräsentierte. Die abschließenden Worte weisen darauf hin, daß das nur auf Kosten meines Mutterkomplexes, meines Wunsches, in die Kindheit zurückzukehren, geschehen konnte.

Einige Jahre später entdeckte ich in diesem Traum eine weitere Bedeutungsebene. Nach der christlichen Symbolik kann man eine Gotische Kirche offiziell nur durch eine der westlich gelegenen Türen betreten, die sich unter den beiden Kirchtürmen befinden. Der Altarraum hat keine Türen, aber das südliche und das nördliche Querschiff haben Türen. Doch durch diese darf die Kirche offiziell nicht betreten werden. Warum? Die Gotische Kirche repräsentiert den Körper Christi. Der Altarraum ist sein Kopf, die Querschiffe stellen seine Arme dar, die Kreuzung seinen Nabel und die westlichen Türme seine Füße. Das himmlische Element soll nur durch die Füße in seinen Körper eintreten – in keinem Falle durch den Altarraum, seinen Kopf. Aus diesem Grund wird die Unterseite der Füße Sohle – oder »Seele« – genannt; denn durch diesen Teil des Körpers tritt die Seele ein oder entweicht. Das ist eine weitere eindrucksvolle Beobachtung, wie das himmlische Element nur durch unsere minderwertige Funktion eintreten kann. Es gibt keinen anderen Weg.

Wenn Sie Dionysos bewußt über Ihre minderwertige Funktion einladen, wobei Ihr bewußtes Ich der Gastgeber ist, der ihn willkommen heißt, werden Sie neue und intensive Einsichten gewinnen, wie Sie sie niemals für möglich gehalten haben. Im folgenden werden wir einige psychologische Vorgehensweisen kennenlernen, die uns dabei helfen können.

TEIL II

Ekstase kosten

Lange Zeit haben wir jetzt mit dem Lamm Gottes gelebt, das hinfortnimmt alle Sünden der Welt, und sind auf diese Weise zu einer hoch entwickelten und schönen Kultur gelangt. Aber jetzt ist es an der Zeit, etwas für die Ziege zu tun, für die fröhliche dionysische Energie.

Die Frage lautet nicht länger entweder/oder, Lamm oder Ziege; wir müssen das Lamm und die Ziege zusammenbringen. Und um das zu tun, müssen wir sowohl unsere rationalen als auch unsere irrationalen Aspekte achten, so wie auch die Griechen einst in Delphi Apollo und Dionysos den gleichen Respekt erwiesen.

Anders als die Griechen haben wir jedoch keine etablierte dionysische Kultur oder dionysische Rituale, an die wir anknüpfen könnten. Wir werden wahrscheinlich heutzutage keine Ziege in Stücke reißen! Weil wir die dionysische Erfahrung so erfolgreich aus unserer Welt vertrieben haben, können wir uns nicht mehr außerhalb von uns danach umschauen. Statt dessen müssen wir uns nach innen wenden, um den Archetyp der Ekstase zu finden.

Wir können über drei psychologische Methoden mit Dionysos in Berührung kommen und lernen, diese archetypische Freude auszudrücken: aktive Imagination, Traumarbeit und Ritual[17]. Die ersten beiden sind wunderbare und direkte Möglichkeiten, zur Ekstase und Freude in uns zu gelangen, und innerhalb dieses Rahmens werden wir diese Methoden besprechen. Die dritte, das Ritual, ist im zwanzigsten Jahrhundert stark vernachlässigt worden. Mit seiner Hilfe können wir lernen, wie wir mit dem dionysischen Element in uns Kontakt aufnehmen und der ekstatischen Erfahrung einen sicheren Rahmen verleihen können.

Bevor wir anfangen

Wir betrachten uns gern als Individuen. Es ist aber wichtig, uns daran zu erinnern, daß wir in Wirklichkeit auf einer tieferen Ebene mehrdimensionale Wesen sind. Das heißt, wir sind ein Wesen, das aus ziemlich vielen ausgeprägten Persönlichkeiten, Verhaltensweisen und Archetypen besteht, die alle nach Ausdruck suchen. Es kann sein, daß wir uns unsicher fühlen, wenn wir auf der Suche nach diesen Persönlichkeiten das erste Mal unter die Oberfläche tauchen, denn wir befinden uns hier in unerforschten Gewässern. Aus diesem Grund kann das erste Auftreten des Gottes Ihnen solche Angst einjagen, daß Ihre Reaktion zunächst darin besteht, um Ihr Leben laufen zu wollen.

Tun Sie das nicht! Denken Sie daran, daß alles aus einer einzigen Quelle entspringt und daß diese Einheit wiederhergestellt werden kann. Wie ich an anderer Stelle schon einmal gesagt habe, ist das Nicänische Glaubensbekenntnis ein guter Ausgangspunkt für unser Verständnis der inneren Arbeit: *Credo In Unum Deum* – Ich glaube an einen Gott. Psychologisch gesehen bedeutet das, es gibt nur eine Quelle, einen Anfang, eine Einheit, aus der alles Leben fließt und wohin es wieder zurückkehrt. Wir können uns nicht verirren, denn wir sind bereits zu Hause.

Laut Jung nimmt die Menschheit eine besondere Rolle in der Schöpfung ein: zum Akt der Bewußtheit und einer moralischen Sichtweise auf höchster Ebene beizutragen. Rohe Archetypen wie Tornados sind amoralisch. Einem Tornado ist es gleichgültig, wo er herunterkommt oder was er zerstört; er verhält sich einfach so, wie es seiner Bestimmung entspricht. Wir haben keine Kontrolle über den Verlauf eines Tornados. Aber wir können mit einem Archetyp ins reine kommen – weil er in Wirklichkeit für uns selbst steht.

Denken Sie immer daran, daß Sie die archetypische Welt beeinflussen können. In der Einleitung habe ich Ihnen von Jungs Beobachtung erzählt, daß das Ich die gleiche Beziehung zum kollektiven Unbewußten hat wie der Korken zum Meer, auf dem er treibt. Aber weil das Ich Bewußtsein hat, kann es mit dem Unbewußten einen gleichberechtigten Dialog führen. Auf eben diese Weise sind auch das »Ich« und Dionysos gleich; aber das »Ich« hat die unschätzbar wertvolle Eigenschaft, bewußt zu sein. Weil das »Ich« und der Archetyp aus derselben Quelle aufsteigen, dem kollektiven Unbewußten, können sie einen gemeinsamen Boden finden und an einem Strang ziehen.

Das bedenkend, lassen Sie uns auf die Suche nach Dionysos gehen.

11. Aktive Imagination:
Die Begegnung mit dem Archetyp

Vor allen Dingen sage mir,
wer bist du, woher stammst du?

Pentheus zu Dionysos
Euripides, Die Bacchantinnen

Aktive Imagination, eine Technik, die vor einigen Jahrzehnten von C.G. Jung entwickelt wurde, ist eine wunderbare Möglichkeit, die Realität der Mythen zu betreten und dabei die Verbindung zur gewöhnlichen Realität aufrechtzuerhalten. Bei der aktiven Imagination können Sie mit den verschiedenen Seiten Ihrer Person, die in Ihrem Unbewußten leben, ins Gespräch kommen – in diesem Falle mit Dionysos. »Hier stellt es sich nun heraus« – so Jung –, »daß Gedanken, Gefühle und Affekte in uns lebendig sind, die man nie für möglich gehalten hätte.«[18]

Die Ebene der Imagination eignet sich deswegen so ausgezeichnet für diese Arbeit, weil hier Dionysos seinen Platz hat. Dionysos, Ekstase, schwingt zwischen zwei Welten, beide transzendierend. Die Imagination ist weder im Bewußten noch im Unbewußten angesiedelt, sondern liegt vielmehr zwischen den beiden. Hier, am Treffpunkt der Imagination, können das Ich und der Archetyp gleichberechtigt miteinander sprechen und beide voneinander lernen.

Wenn Sie keine Erfahrung mit der aktiven Imagination oder ähnlichen Techniken haben, fällt es Ihnen anfangs vielleicht schwer, danach vorzugehen. Denken Sie jedoch daran, daß die aktive Imagination ein tiefgreifendes Werkzeug ist; für denjenigen, der damit nicht vertraut ist, kann der Bilderfluß bestürzend sein. Deswegen möchte ich hier eine Warnung aussprechen: *Vergewissern Sie sich, bevor Sie anfangen, daß jemand in Ihrer Nähe ist, an den Sie sich wenden können, falls Sie sich von der Imagination überwältigt fühlen.*

Wie wir anfangen

Die aktive Imagination besteht nicht darin, »Dinge zu erfinden«. Sie lassen einfach zu, daß Wissen an die Oberfläche dringt, das Ihnen bereits zu eigen ist, ohne daß Sie sich dessen bewußt waren. Aktive Imagination hat Ähnlichkeit mit dem Träumen, bei dem Sie den Bilderfluß auch nicht zensieren; nur daß Sie bei der aktiven Imagination hellwach sind. Wie der Name schon sagt, ist sie auch keine passive Phantasie. Sie beobachten kein inneres Schauspiel, so wie Sie sich einen Kinofilm anschauen würden; vielmehr werden Sie selbst zum Darsteller in diesem Stück. Ihr bewußtes Ich führt ein aktives Gespräch mit den symbolischen Bildern, die Ihre Imagination hervorbringt.

Sie brauchen einen ruhigen Platz für sich, wo Sie ungestört allein sein können. Sie können keinen Dialog mit den psychologischen Bildern führen, wenn die Alltagswelt ständig eindringt.

Als nächstes müssen Sie entscheiden, wie Sie Ihren Dialog aufzeichnen wollen. Es ist sehr wichtig, daß Sie diese innere Arbeit in irgendeiner Weise festhalten, weil es später schwierig sein kann, sich an Details zu erinnern. Sie können Stift und Papier benutzen, oder, wenn Ihnen das angenehmer ist, auch mit einer Schreibmaschine oder einem Schreibcomputer schreiben. Vielleicht möchten Sie das, was Sie herausfinden, auch zeichnen oder malen.

Jetzt machen Sie es sich bequem. Machen Sie sich frei von Erwartungen, und lassen Sie die Bilder fließen. Zensieren Sie nicht, was Sie sehen, und haben Sie keine Angst.

Es ist wichtig, daß Sie die Bilder für sich sprechen lassen. Schließlich stammen sie von Ihnen. Sie sollten ihnen keine Worte in den Mund legen oder den Gesprächsfluß in eine bestimmte Richtung lenken. Zeigen Sie Interesse für das, was die Bilder zu sagen haben. Wenn Sie sich entspannen und offen bleiben, werden die Bilder Ihrer aktiven Imagination sich zwanglos mitteilen.

Wenn das, was ein Bild sagt, Sie in irgendeiner Weise verwirrt, bitten Sie um Klärung. Sie werden sehen, daß Ihr unbewußter Verstand Antworten auf die Fragen hat, über die Ihr bewußter Verstand nachgrübelt, so wie wir oft feststellen, daß ein Traum über Nacht ein schwieriges Problem für uns gelöst hat. Wenn Ihr bewußter Verstand dieses Wissen aus dem Unbewußten aufnimmt, wird die Beziehung zwischen beiden sich verändern. Sie haben damit den Boden für eine Kommunikation bereitet, die Sie zur Ganzheit führen wird.

Ein Dialogbeispiel

Lassen Sie uns ein Beispiel für einen Dialog in aktiver Imagination betrachten. Diese Frau hat den Dialog, während er stattfand, mit der Schreibmaschine festgehalten. Sie hat Dionysos mit einem D und sich selbst mit I (für »Ich«) bezeichnet.

I: *(Ich sehe einen goldfarbenen jungen Mann, der auf einem Stein am Rande eines Waldes sitzt.)* Hallo, Dionysos. Warum ist es so schwer, Dich zu finden?
D: Ich weiß nicht. Ich bin doch hier.
I: Wo ist das denn?

D: In Dir. Kannst Du mich denn jetzt nicht sehen?

I: Doch, aber ich habe bis jetzt noch nie mit Dir gesprochen.

D: Stimmt, aber nur, weil Du nicht darum gebeten hast. Ich bin immer hier. *(Er lächelt.)*

I: Ich muß wissen, wie ich Ekstase in mein Leben bringen kann, aber ich möchte nicht, daß sie die Oberhand gewinnt. Was kann ich tun?

D: Du mußt mich besser kennenlernen. Ich bin nicht so schlecht, wie man mir nachsagt.

I: Nein? Erzähl mir etwas Schönes von Dir.

D: Nun, ich male und zeichne gern, und Poesie ist mir sehr wichtig. *(Er lächelt noch stärker. Er ist überaus glücklich. Um seinen Kopf scheint goldenes Licht.)*

I: Mir war überhaupt nicht klar, daß Du so nahe warst. Ich kann Dich sehr deutlich sehen.

D: Ja, erstaunlich, nicht wahr? *(Sein Tonfall ist jetzt sehr trocken.)* Wir Götter machen einfach immer weiter, als hätte es uns immer gegeben...

I: Du hast einen interessanten Humor.

D: Ja, ich weiß. *(Er fängt an zu lachen.)*

I: Sag mir also, was kann ich tun, um Dich zum Ausdruck zu bringen?

D: Nun, Du könntest mir einen guten Witz erzählen. Das würde mich glücklich machen. Glücklich sein geht mir über alles.

I: Was könnte ich noch tun?

D: Du könntest rennen, springen und dabei die Arme in die Luft werfen, herumwirbeln und an mich denken oder so laut brüllen, wie Du nur kannst. Du kannst spüren, wie meine Energie durch Deinen Körper fließt. Das kannst Du nachts oder auch tagsüber machen. Warum probierst Du es nicht gleich einmal aus und kommst dann zu mir zurück?

I: Gut. *(Ich stehe von meiner Schreibmaschine auf und folge seinen Anweisungen.)*

D: Das war toll. Wie fühlst Du Dich?

I: Ich kann gar nicht mehr aufhören zu lächeln. Das ist wunderbar! Danke.

D: Aber bitte, gern. *(Er sieht so aus, als hätte er noch viel mehr auf Lager als das, was er gesagt hat.)*

111

I: Was möchtest Du mir noch sagen?

D: Du solltest mich nicht so oft zensieren. Ich liebe Dich und bin hier, um Dir zu helfen. Ich bin ein sehr wichtiger Teil Deines Lebens, und wenn Du mich ausschließt, sperrst Du die Welt aus. Ich sitze hier am Rande eines schönen Waldes. Ich kann Dich mitnehmen in den Wald und Dir seine Wunder zeigen, und ich kann Dich wieder herausführen und Dir zeigen, wie Du die Angst umgehst. Wenn ich bei Dir bin, hast Du keine Angst. Du fürchtest Dich nur, wenn Du mich nicht siehst.

I: Ja. Wenn ich Dich betrachte, kann ich das spüren. Ich fühle mich voller Freude und Energie.

D: Wann immer Du möchtest, kannst Du kommen und mit mir sprechen. Laß mich wissen, wenn Du in den Wald gehen möchtest. Ich bin wirklich ein sehr guter und behutsamer Führer. Ich verspreche Dir, daß Du am anderen Ende des Waldes heil und ganz wieder herauskommen wirst.

I: Danke. Nun, wir haben zehn Minuten Zeit. Reicht das?

D: Klar. Los geht's.

I: *(Wir gehen in den Wald. Ich sehe einige große, weiße, zarte Blumen, die mich anzulächeln und zu sagen scheinen: »Wir sind hier alle im selben Wald. Friede sei mit dir. Wir beschützen dich.« Wir wandern weiter. Dionysos lächelt sanft. Er ist sehr sicher. Er weiß genau, wohin wir gehen. Er hält mich mit seiner Hand sanft am Nacken fest, und ich kann spüren, wie seine Energie meine Wirbelsäule auf- und absteigt.)*

D: Schau Dir diesen Baum an.

I: Welchen Baum?

D: Da drüben, den größten Baum im Wald.

I: *(Ich schaue hoch und sehe einen sehr großen Baum. Oben auf dem Baum sitzt ein Affe.)* Was ist das denn?

D: Das bist Du.

I: Wieso?

D: Weil Du Dich genauso leicht wie dieser Affe von Ast zu Ast schwingen kannst. Du kannst von Baum zu Baum und von Ast zu Ast springen. Du kannst ganz schnell nach oben klettern und ebenso schnell nach unten hüpfen, ohne hinzufallen. Du kannst nicht verletzt werden. Genieße es einfach. Sei voller Freude; für Angst ist kein Platz. Du kannst alles tun, aber zuerst einmal mußt Du daran glauben, daß Du alles tun kannst. Behalte diesen Affen in Erinnerung und nimm ihn mit.

I: Danke. Das habe ich nun wirklich nicht erwartet.

D: Nein, natürlich nicht. Ich bin das Unerwartete. Aber wie Du siehst, bin ich Dir zugleich auch sehr vertraut. Weil ich Du bin.

I: Das ist für mich ganz schön viel auf einmal.

D: Klar, ich weiß. Laß uns langsam aus dem Wald herauswandern und die Blumen bewundern.

I: *(Das tun wir. Ich sehe kleine weiße Blumen mit glänzenden grünen Blättern. Sie sprühen vor Energie. Sie scheinen mir zum Abschied zuzuwinken und mich einzuladen, wiederzukommen. Die Welt hier scheint erfüllt zu sein von einem starken, goldenen, fröhlichen Gefühl, das in allem vibriert.)* Auf Wiedersehen und danke für den Spaziergang. *(Wir sind jetzt am anderen Ende des Waldes angekommen.)*

D: Schon gut. Ich werde hier sein, wann immer Du möchtest. Hier lebe ich.

I: Gut, danke.

D: Gern geschehen.

Was ist hier nun passiert? Zunächst einmal war die Frau zu dem Gott höflich und wurde daraufhin auch von ihm mit Höflichkeit behandelt. Sie begrüßte ihn als erste und stellte den Kontakt her. Im Verlauf des Dialoges achtete sie auch ihr Ich – sie drückte ihre Ängste aus, machte ihre Bedürfnisse klar und setzte Grenzen. Am Ende dankte sie Dionysos und bereitete den Boden für einen möglichen weiteren Besuch.

Die Hauptfunktion der Frau, die dies geschrieben hat, ist die Intuition. Sie hatte bereits früher mit der aktiven Imagination gearbeitet und konnte sich problemlos auf die Erfahrung einlassen. Aber trotzdem war sie von einigen Dingen, die geschahen, überrascht. Am meisten war sie erstaunt über die Gefühlsqualität des Bildes, die sprühende Energie und Freude, die während des ganzen Dialoges präsent waren und die sie im Verlauf des restlichen Tages noch weiter spürte. Sie war auch überrascht von dem symbolischen Affen und von Dionysos Verhältnis zur Angst.

113

Mehrere auffällige mythische und spirituelle Motive tauchten in ihrer aktiven Imagination auf. Tatsächlich enthält ihre Erfahrung viele Elemente einer schamanistischen Reise. (Der Schamanismus, der Teil vieler alter Kulturen ist, ist eine ekstatische Religion. Die spirituelle Reise des Schamanen hat den Zweck, den menschlichen Geist zu heilen und zur Ganzheit zu bringen. Dazu lernt der Schamane, in beiden Welten zu leben, so wie auch Dionysos beide Welten verbindet.) Diese Frau erhielt Anweisungen für ein Ritual, das sie durchführen konnte, um mit der dionysischen Qualität in Kontakt zu kommen. Dann wurde sie von einem Bildnis, Dionysos, der sich als Geistführer einführte, mit auf eine Reise genommen. Und schließlich bekam sie einen »Verbündeten« aus der Tierwelt, den Affen. Indem sie die Eigenschaften des Affen übernahm, konnte sie lernen, die körperliche Angst – für die das Bild steht, große, bedenklich schwankende Bäume hinauf- und wieder hinabzuklettern – zu besiegen und damit neue Kraft in sich zu spüren. Weil ihre minderwertige Funktion die Empfindung ist, liegen ihre Ängste im physischen Bereich. Es ist interessant, daß Dionysos genau in dem Bereich mit ihr gearbeitet hat, den sie am wenigsten unter Kontrolle hat.

Schließlich verwandelte die Erfahrung Dionysos von einem abstrakten Konzept in ein reales Erlebnis, auf das sie sich immer berufen kann, wenn sie das Bedürfnis danach verspürt. Auf diese Weise begegnete sie dem Archetyp, stellte eine Beziehung zu ihm her und gewann ein nicht-rationales Verständnis von der ekstatischen Qualität. Jetzt kann sie anfangen, diese Qualität bewußt zu leben.

Um uns ein noch eindringlicheres Bild von der aktiven Imagination machen zu können, lassen Sie uns die Initiation eines Eskimo-Schamanen anschauen: Die Geistwelt wählt einen jungen Menschen aus, der oder die Schamane werden soll. Er wird von den Geistern entführt und in die Unterwelt gebracht, wo viele Dämonen kommen, um ihm das Fleisch von den Knochen zu reißen und es zu verspeisen. Schließlich wird er zerstückelt, und sämtliche Knochen werden auseinandergetrennt. Nach einer Weile kommen die Geister und setzen ihn wieder zusammen. An diesem Punkt muß mit großer Sorgfalt vorgegangen werden, weil jeder Knochen, der verlorengeht, dem Schamanen sein ganzes restliches Leben lang fehlen wird. Der Initiand erhält neues Fleisch und kehrt in die Welt der Lebenden zurück. Jetzt ist er ein Schamane und hat die Macht, jede Krankheit zu heilen, die durch einen der Dämonen verursacht wurde, die im Verlauf seiner Initiation sein Fleisch gegessen haben. Er hat keine Macht über eine Krankheit, die ein Dämon ausgelöst hat, der nicht an seiner Zerstückelung teilnahm.

Jeder Mensch, der in der aktiven Imagination einen Dialog mit Dionysos führt, wird Bilder sehen und Erfahrungen machen, die den Bedürfnissen seiner Persönlichkeit entsprechen. Doch obgleich jeder Dialog für das Individuum einzigartig ist, sind die inneren Lektionen – die dem kollektiven Unbewußten entspringen – doch erstaunlich ähnlich. Verurteilen Sie die Erfahrung nicht voreilig. Bewahren Sie sich eine offene Haltung und schauen Sie, was passiert. Sie werden ganz sicher überrascht sein!

12. Traumarbeit:
Die Arbeit mit dem Archetyp

Wie oft sagt ein Mensch beim Erwachen am Morgen:
»Ich hatte letzte Nacht einen wunderbaren Traum«,
und berichtet, wie Merkur oder dieser oder jener Phi-
losoph ihm persönlich erschienen sei und ihn in der
einen oder anderen Kunst unterrichtet habe. Aber
dann entflieht ihm der Traum, und er kann sich nicht
mehr daran erinnern. Jeder jedoch, dem dies wider-
fährt, sollte beim Aufwachen sein Zimmer nicht ver-
lassen, noch zu jemandem sprechen, sondern so lange
allein und nüchtern bleiben, bis ihm sein Traum in
allen Einzelheiten wieder einfällt.

Paracelsus[19]

Wir alle träumen. Wir können es zwar ablehnen, uns an
unsere Träume zu erinnern, aber wir können unsere Träume selbst nicht ablehnen oder uns vor ihnen verstecken.
Sie geben einfach das wieder, was ist. Dionysos kann uns
auf ganz natürliche Weise in unseren Träumen erscheinen.
Es ist ein lohnenswertes, fruchtbares Vorgehen, wenn wir
ihm auf diesem Gelände begegnen und uns dabei intelli-
gent verhalten.

Mit Träumen arbeiten

Die Trauminterpretation ist ein weites Thema, über das ganze Bände geschrieben worden sind, und bei dem die wenig-

sten Menschen übereinstimmen. Letzten Endes werden Ihre Träume für Sie eine bestimmte Bedeutung haben. Und weil es Ihre Träume sind, ist Ihre Interpretation auch von größter Wichtigkeit. Dieses kurze Kapitel kann die Techniken der Trauminterpretation und Traumarbeit nicht umfassend darstellen, und Sie sollten auch nicht erwarten, daß Sie direkt in die Traumarbeit einsteigen können, nachdem Sie es gelesen haben. Es wird Ihnen jedoch eine Vorstellung davon vermitteln, wie Sie sich im Rahmen der Traumarbeit mit Ihrer inneren dionysischen Qualität verbinden können.

Die Welt, der wir im Traum begegnen, ist fremd und vertraut zugleich. Ein Grund dafür ist, daß unsere Träume von Archetypen bevölkert werden. Diese Prototypen für innere Abläufe bewegen sich außerhalb von Zeit und Raum; in ihren Aktionen und Reaktionen zeigen sie unzählige verschiedene Verhaltensweisen, die in der realen Zeit nicht möglich wären. Diese Bilder benutzen die Sprache der Symbole, eine sehr tiefgehende Ebene der Kommunikation. Wenn wir einen Traum verstehen wollen, müssen wir auf dieser inneren Ebene nach seiner Bedeutung suchen.

Ihr Traum ist wie eine große Grundwahrheit, die vor Ihnen ausgebreitet wird, um untersucht und verstanden zu werden. Beobachten Sie Ihre Träume sorgfältig, denn sie werden Ihnen deutlich veranschaulichen, was in Ihrem Innenleben geschieht, wie Sie damit umgehen können und was Sie von Ihren Handlungen erwarten können.

Versuchen Sie, wenn Sie mit Träumen arbeiten, nach den folgenden vier grundlegenden Schritten vorzugehen:

1. *Assoziieren Sie.* Welche Bedeutungen könnten Ihre Traumbilder für Sie haben?
2. *Stellen Sie eine Verbindung her zwischen Traumbildern und inneren Abläufen.* Welche emotionalen oder spirituellen Seiten von Ihnen stellen die Traumbilder dar?

117

3. *Interpretieren Sie.* Verbinden Sie Schritt 1 und Schritt 2 miteinander, um zu der Bedeutung zu gelangen, die der Traum für Sie hat.
4. *Ritualisieren Sie den Traum, um ihm Realität zu verleihen.* Darüber werden wir in Kapitel 13 noch ausführlicher sprechen.

Zwei Träume

Zur Illustration möchte ich Ihnen gerne zwei meiner eigenen Träume mitteilen. Sie zeigen die Transformation der dionysischen Qualität über einen Zeitraum von fünfunddreißig Jahren. Der erste Traum ist ein großartiger archetypischer Traum. Ich hatte ihn im Alter von fünfundzwanzig Jahren, als ich noch ein grüner Junge und überhaupt nicht gerüstet war, mit ihm umzugehen. Leider stellen sich Träume zeitlich nicht immer auf den Träumenden ein!

Alle tausend Jahre wird ein Buddha geboren. In meinem Traum wird Buddha mitten in der Nacht geboren. Ein Stern scheint am Himmel, um die Geburt des Buddhas zu verkünden. Ich bin anwesend und während des ganzen Traumes gleich alt.
Ich beobachte die Geburt des Buddhas und sehe, wie der Buddha aufwächst. Er ist ein junger Mann wie ich, und wir sind ständige Gefährten. Wir sind glücklich miteinander, und zwischen uns ist viel Kameradschaft und Heiterkeit.
Eines Tages kommen wir an einen Fluß, der gleichzeitig in zwei Richtungen fließt. Die Hälfte des Flusses fließt in eine Richtung, die andere Hälfte in eine andere; dort, wo beide Ströme sich in der Mitte des Flusses berühren, bilden sich große Strudel. Ich schwimme hinüber, aber der Buddha gerät in einen Strudel und ertrinkt.
Ich bin untröstlich, mein Gefährte ist gegangen. So warte ich tausend Jahre, wieder scheint ein Stern am Nachthimmel, und wieder wird der Buddha mitten in der Nacht geboren. Ich verbringe eine weitere lange Zeit als Gefährte des Buddhas.

Hier sind Einzelheiten verlorengegangen, aber aus irgendeinem Grund muß ich weitere tausend Jahre auf die Geburt des dritten Buddhas warten. Wieder scheint der Stern, und der Buddha wird mitten in der Nacht geboren, und ich bin sein Gefährte, während er heranwächst. Wir sind Freunde, und ich bin glücklich. Dann muß ich wieder tausend Jahre warten, bis zur Neuzeit, damit der Buddha ein viertes Mal geboren wird.

Diesmal jedoch sind die Umstände anders und spezifischer. Der Stern wird am Himmel scheinen und die Geburt des Buddhas verkünden, denn der Buddha wird diesmal bei Tagesanbruch geboren werden. Und er wird aus dem Astloch eines Baumes geboren werden, wenn die ersten Strahlen der aufgehenden Sonne darauf fallen. Ich werde von Erwartungsfreude überwältigt, denn ich habe tausend Jahre darauf gewartet, daß mein geliebter Gefährte geboren wird.

Die ersten Sonnenstrahlen zeigen sich. Sie treffen zunächst auf den Wipfel des Baumes und steigen dann, während die Sonne aufgeht, an seinem Stamm hinab (was im wirklichen Leben so nicht ablaufen würde). Als die Sonnenstrahlen auf das Astloch treffen, kommt eine gewaltige Schlange heraus. Die Schlange ist riesengroß, dreißig Meter lang, und kommt direkt auf mich zu!

Ich bin so entsetzt, daß ich hintenüber falle. Dann komme ich auf die Füße und laufe mit aller Kraft, die mir zur Verfügung steht. Wenn ich glaube, weit genug gelaufen zu sein, schaue ich mich um, nur um sehen zu müssen, daß die Schlange dicht hinter mir läuft und ihr abgeflachter Kopf sich direkt über meinem Kopf befindet!

Also renne ich voller Entsetzen zweimal so schnell. Aber wenn ich mich umdrehe und nachschaue, ist der Kopf der Schlange da – immer noch direkt über meinem Kopf! Ich renne noch schneller und schaue, und die Schlange ist immer noch da, und ich weiß, es gibt keine Hoffnung. Dann bilde ich, einer plötzlichen Eingebung folgend, einen Kreis, indem ich mit meinem rechten Arm meine rechte Hüfte berühre. Ich laufe immer noch, und die Schlange steckt ihren Kopf so weit wie möglich durch den Kreis, und ich weiß, die Gefahr ist vorbei.

Am Ende des Traumes laufen wir beide immer noch durch den Wald, aber jetzt reden die Schlange und ich miteinander, und die Gefahr hat sich verringert.

Dieser Traum ist sehr schwer zu assimilieren, vor allem für einen Fünfundzwanzigjährigen. Solche Träume entsprechen eher einem späteren Lebensalter, und es ist schwierig, wenn sie so früh im Leben auftauchen.

Was ist die Schlange? Das erste stürmische Auftauchen meiner vierten Funktion, der minderwertigen Funktion, einer ursprünglichen dionysischen Qualität. Für jeden westlichen Menschen – von mir ganz zu schweigen – wäre es schwierig gewesen, wenn sie so früh in seinem Leben aufgetaucht wäre, zu früh, um damit umgehen zu können. Es vergingen viele Jahre, bevor ich in der Lage war, mich ihrer direkten Wirkung stellen zu können.

Ich hatte zu der Zeit Streit mit meiner Analytikerin. Sie sagte: »Sie sollten solche Träume nicht träumen.« Sie meinte natürlich, daß die minderwertige Funktion bei niemandem vor dem Alter von fünfunddreißig Jahren auftauchen sollte. Ich entgegnete ungehalten: »Sie sagen einem sechzehnjährigen Mädchen auch nicht, daß sie nicht schwanger hätte werden sollen. Das hilft gar nichts, nachdem es geschehen ist. Wenn es passiert, passiert es eben. Dann muß man sich damit auseinandersetzen.«

Für mich wurde die dionysische Qualität zu einer hartnäckigen, fordernden und praktisch nicht zu assimilierenden Kraft – ein ein Meter achtzig großes Individuum und eine dreißig Meter lange Schlange geben kein gutes Paar ab. Wie am Ende des Traumes vorhergesagt wird, führte ich tatsächlich ein gehetztes Leben. Sehr viele Jahre lang rannte ich voller Angst durchs Leben. Das erinnert mich an die Aussage Jungs, daß bei einem Rangkampf mit einem Tiger bereits vorher bekannt ist, wer sich an wen anpassen wird. Am besten man schließt Waffenstillstand. Und das Geheimnis dafür bestand in meinem Traum darin, einen Kreis zu formen. Ich bildete mit meinem Arm einen Kreis – ein Mandala, das die Schlange einschloß. Das reichte als Form. Ich assimilierte die Schlange nicht, und die Schlange assimilierte mich nicht. Aber wir konnten funktionieren, wir konnten zusammen durch die Wälder gehen.

Als Jung von diesem Traum hörte, hielt er mir, ausgehend von dessen Inhalt, einen Vortrag über fast jeden Bereich meines Lebens. Er erzählte mir, ich müsse so und so leben, könne auf gewisse Dinge vertrauen, müsse mich hingegen von anderen fernhalten und so weiter. Und das alles beruhend auf dem Wissen, das der Traum enthielt. Ich entnahm dem Traum, daß ich in einem Kreis leben müsse – geschützt, eingeschlossen, mit Form und Struktur und sehr viel Alleinsein. Und das tat ich auch.

Fünfunddreißig Jahre später, im viel reiferen Alter von sechzig Jahren, kam der zweite Traum zu diesem Thema hoch. Fünfunddreißig Jahre geduldig sein ist eine lange Zeit. Während dieser Zeit arbeitete ich sehr hart mit meinem ersten Traum. Ich nahm mir jedes einzelne Wort vor und ging es anhand der vier Schritte, die auf S. 117f. beschrieben werden, durch. Erst im Alter von fünfundfünfzig Jahren las ich etwas über das Leben Buddhas, das mir einen Aspekt des Traumes erklärte, der mich immer verwirrt hatte.

Offensichtlich tobte in der Nacht, als Buddha erleuchtet wurde, ein heftiger Sturm. Sämtliche dunklen Kräfte sammelten sich, um das Licht zu löschen, das in Buddha zu scheinen begann. Und sie stürmten und stürmten. Und Naga, die große Weltenkobra, kam und hielt ihren brillengezeichneten Kopf über den des Buddhas, um ihn zu schützen. Und plötzlich dämmerte es mir, daß die Schlange in meinem Traum mich beschützt und nicht versucht hatte, mir Schaden zuzufügen, daß sie in Wirklichkeit gar keine Gefahr für mich gewesen war. Meine Feindseligkeit und all mein Gerenne hatten es der Schlange lediglich erschwert, ihren Kopf schützend über meinen zu halten. Ich kam mir sehr dumm vor.

Hier mein zweiter Traum:

Ich befinde mich mit einer befreundeten Familie an einem kalifornischen Strand. Die Frau des Hauses ist eine besonders gute Freundin von mir, eine sehr kluge Frau. Sie und ich halten uns etwas entfernt von dem Familienpicknick auf. Wir sprechen über dieses Gedränge von Urlaubern am Strand – alle Welt ist hier. Ich kann mindestens eine Million Menschen sehen. Mir gefällt das. Ich genieße Strände, gute Unterhaltung und eine schöne Atmosphäre – das Glück, die Sonne, die Kinder, die Picknicks, die Scherze.
Aber es gibt einen Mißklang hier. Die Stadtväter haben eine ganze Anzahl von alten Küchenherden hergebracht – Holz-, Gas- und Elektroherde – und sie am Strand verteilt, ohne sie anzuschließen, sie funktionieren also nicht, sondern dienen nur als eine Art Schrottkunst. Unsere Gesellschaft hat einen dieser Herde, die niemals auch nur die geringste Wärme erzeugen und nur zur Dekoration da sind, in Besitz genommen.
Meine Freundin und ich sprechen über die Vorliebe der Amerikaner, schrille, schockierende Gegenstände als Dekoration zu benutzen. Wir stimmen beide darin überein, daß uns das nicht gefällt. Trotzdem findet unsere Picknickparty um einen diese Herde herum statt.
Plötzlich schaue ich hoch, und wen sehe ich da – meine Schlange! Sie windet sich durch die Massen von Leuten, und niemand sieht sie außer meiner Freundin und mir. Sie gleitet herum und erregt überhaupt kein Aufsehen. Sie kommt zu einem Paar aufrechter Pfosten, die oben einen Querbalken haben, schlängelt sich daran hoch und macht ihr Ding. Sie windet und schlingt sich um das Holz herum, gleitet über sich selbst und entflicht sich wieder. Ich beobachte sie sehr genau, denn ich möchte nicht, daß die Schlange mich findet.
Sie kommt herunter und beginnt wegzuschlängeln, und ich sehe, daß sie sich von mir wegbewegt. Ich flüstere meiner Freundin zu: »Gut, sie geht weg.« Aber die Schlange hört dies, ändert ihren Weg und kommt direkt auf mich zu. Ich sage: »Sollte man das für möglich halten! Eine Million Menschen, und sie kommt direkt zu mir!«
Ich möchte nicht, daß sie kommt. Ich wünschte, sie würde weggehen. Aber aus irgendeinem Grund bin ich nicht entsetzt und laufe

auch nicht weg wie früher. Die Schlange kommt direkt auf mich zu. An diesem Punkt gibt es in dem Traum eine Unterbrechung. Etwas Konfrontationsarbeit steht an, aber es ist, als hätte man lediglich ein Stück Film herausgeschnitten und die Enden wieder zusammengeklebt.

Als der Film wieder weitergeht, ist die Frau verschwunden und die Schlange auch, aber ein leuchtend heller Mann aus dem Himmel – ein junger Bursche, der strahlt – steht bei mir. Wir sind Freunde, und es geht uns wunderbar zusammen. So habe ich schließlich meinen Gefährten wieder.

Wir gehen ein Stück zusammen spazieren, und ich sage:»Ich wußte gar nicht, daß wir in Indien sind.« Ich schaue noch einmal hin und sehe, daß wir nicht in Indien sind – es ist einfach so, daß diese blonden Amerikaner im Vergleich zu dem leuchtenden Mann aus dem Himmel so dunkel aussehen, daß ich glaubte, mich unter sehr dunkelhäutigen Menschen zu befinden. Aber es war nur der Gegensatz, und wir sind in Wirklichkeit am Strand in Südkalifornien. Und ich bin so glücklich. Ich sage zu ihm:»Ich weiß, daß dies alles ungewöhnlich ist, aber ich bin so glücklich, wie ein Sterblicher nur sein kann.«

Wir gehen weiter, dies und das betrachtend. Er führt mich eine ganze Strecke fort, und wir kommen zu einem Staudamm. Der gestaute Fluß ist sehr breit, aber nicht sehr tief. Der Mann aus dem Himmel wendet sich mir zu und sagt:»Also gut. Der Damm ist gebaut, das Wasser gestaut. Jetzt entwirfst und baust du ein hydroelektrisches System dafür, und das wird das Energiedefizit der ganzen Welt beheben.«

Das ist die Evolution der dionysischen Qualität, die fast ein ganzes Leben gebraucht hat und auf keinen Fall abgeschlossen ist. Lassen Sie uns einen Blick darauf werfen, wie die Evolution der dionysischen Qualität sich in diesen zwei Träumen darstellt.

Die Schrottherde, die so merkwürdig und unpassend zu sein scheinen, üben eine mächtige Wirkung auf mich aus. Ich neige dazu, sehr viel Zeit allein zu verbringen. Der Traum sagt, daß die Schlange mich an einem öffentlichen Platz, in einer der extrovertiertesten Situationen in Südkalifornien vorfindet. Mitten im schrillen Südkalifornien, das ich zu verachten neige, kommt die Erleuchtung. Das ist eine bittere Pille für mich, weil mir mein ganzer Instinkt sagt, ich solle für die letzte Stufe der inneren Arbeit in ein abgelegenes Kloster gehen. Aber der Traum teilt mir mit, daß diese Arbeit unter den schwierigen Umständen getan werden muß, die ein öffentlicher Strand darstellt. Damit wurde mir ein großer Streich gespielt, aber es konnte nicht anders ablaufen.

Die Frau repräsentiert meine feminine Seite, meine *Anima*, die eine wesentliche Rolle bei der tiefgreifenden Konfrontation mit der archetypischen Welt, der minderwertigen Funktion, spielt. Jung definierte die Anima oder den Animus als die Stimme in der Psyche eines Menschen, die zwischen dessen bewußter Persönlichkeit und dem kollektiven Unbewußten vermittelt. Die Frau half einfach durch ihre Gegenwart, zwischen mir und der Schlange zu vermitteln.

Die Schlange, die ursprüngliche dionysische Qualität, die ich so fürchtete, stellt den Gott in einer Gestalt dar, die eher Schrecken einflößt. Sie hielt mich jahrelang in Bewegung, und es stellte sich heraus, daß sie mich beschützte, bis ich am Strand, als es Zeit für eine Konfrontation war, mit ihr einig werden konnte. (Theoretisch gesehen assimiliert das Ich einen Archetyp niemals. Das Beste, was man tun kann – und alles, was von einem verlangt wird –, ist, gegenseitig Freundschaft zu schließen. Wenn man versucht, einen Archetyp zu assimilieren, wird man wahrscheinlich von ihm assimiliert.)

Ich leistete zwar immer noch Widerstand, war aber vor Angst nicht mehr wie von Sinnen, so daß die Schlange zu mir zurückkehren konnte. Jetzt war ich imstande, meine minderwertige Funktion zu akzeptieren und zu dem vierten Buddha zurückzukehren (der vorher seine schlangenähnliche, göttergleiche Gestalt angenommen hatte). Ich war offen für die Kameradschaft der Schlange, aber mit einer neuen Perspektive: Ich war jetzt bereit, die dionysische Energie – den Damm –, die da war und auf mich gewartet hatte, aufzunehmen, um ihr Gestalt zu verleihen und sie zu mehr als nur zu meinem persönlichen Wohle zu nutzen.

13. Ritual und Zeremonie:
Zur Freude zurückkehren

*Ich bin von Gott bei meinen Tätigkeiten in der Küche
ebenso friedvoll erfüllt..., als läge ich vor dem Heiligen Sakrament auf den Knien... Man muß keine
großartigen Dinge tun. Ich wende mein kleines Ome-
lett in der Pfanne aus Liebe zu Gott... Wenn ich sonst
nichts tun kann, reicht es für mich völlig aus, wenn
ich aus Liebe zu Gott einen Strohhalm von der Erde
aufhebe.*

Brother Lawrence[20]

W enn Sie dem ekstatischen Archetyp erst einmal mit Hilfe
der aktiven Imagination oder der Traumarbeit begegnet
sind, können Sie Ihre Erfahrung vertiefen, indem Sie die
Freude, die Sie dort finden, bewußt in Ihr Leben bringen.
Dafür eignen Rituale und Zeremonien sich ausgezeichnet.
Ein Ritual können Sie wie eine leere Tasse mit Freude füllen
und daraus trinken.

Wir werden zunächst einmal untersuchen, was ein Ritual
ausmacht, und dann sehen, wie wir es in das Alltagsleben
einflechten können.

Das Wesen des Rituals

Meiner Meinung nach haben wir im Leben zwei Pflichten:
Wir müssen verantwortungsvolle Mitglieder der Kultur sein,
in die wir hineingeboren wurden, und wir müssen alles leben,

was wir unserem tiefsten Wesen nach sind. Mit Hilfe des Rituals können wir uns unseren Weg zwischen den Erwartungen der Gesellschaft an uns und unseren spirituellen Bedürfnissen bahnen. Es macht das Unmögliche möglich.

Eine Zeremonie – vom Lateinischen her hat dieses Wort die Bedeutung »Heiligkeit« – ist eine uralte und tiefgreifende Methode, konkret umzusetzen, was Sie durch die aktive Imagination und die Traumarbeit erfahren haben. Wie der Dichter William Butler Yeats einmal sagte: »Wie sollten Unschuld und Schönheit denn anders als in Bräuchen und Zeremonien geboren werden?« Ich würde noch hinzufügen: Wo sind denn jene 100.000 Volt göttlicher Energie besser aufgehoben als in Ritual und Zeremonie?

Sinnvolle Rituale und Zeremonien festigen unsere Beziehung zum Heiligen und nähren uns sowohl auf der spirituellen als auch auf der weltlichen Ebene. Ebenso wie unser Ich sich daran erinnern muß, daß seine Quelle im kollektiven Unbewußten liegt, braucht unser innerstes Wesen die Anerkennung durch unsere bewußte Persönlichkeit.

Der Mangel an sinnvollen Ritualen in der westlichen Gesellschaft

Wir leben in einem Zeitalter, in dem es so gut wie keine wirksamen Zeremonien gibt. Wenn man das Glück hat, an dem großen Reichtum an traditionellen Ritualen und Zeremonien unseres kulturellen Erbes teilzuhaben, kann man in der Sicherheit dieses Reichtums leben. Aber eine zunehmende Anzahl von Menschen hat die Verbindung zu diesen alten Wegen verloren und lebt in psychologischer Armut. Vielleicht ist es ein schmerzliches, jedoch notwendiges Stadium in der Evolution, daß uns die Stärkung durch die Tradition und durch kollektive Rituale versagt bleibt, aber es scheint ein Kennzeichen von uns zeitgenössischen Menschen zu sein, daß die Hinwendung an unser inneres Leben zu einer individuellen Angelegenheit geworden ist. Damit diese Hinwendung gelingt, müssen wir auf der anderen Seite ein Gefühl von Zugehörigkeit und Gemeinschaft empfinden können, wie die Heilige Stadt Jerusalem es symbolisiert. Aber es liegt eine trockene, dürre Zeit zwischen den alten Wegen, die so reich waren, und der neuen Vision, dem Versprechen eines neuen Zeitalters. Dieser Dürrezeit gilt die Sorge jedes Menschen, der bewußt in seiner Zeit lebt. Die *Bhagavadgita* drückt unser Dilemma folgendermaßen aus: »Die Welt ist Gefangene ihrer eigenen Aktivität, außer wenn ihr Handeln dem Gottesdienst geweiht ist.«

Beim Ritual geht es nicht um Magie, darum, jemanden oder etwas zu beherrschen und unserem Willen zu unterwerfen, sondern um das Herstellen einer göttlichen Verbindung, damit wir für einen Augenblick die Einheit der beiden Welten erfahren können. Griechische Künstler haben Dionysos und seine Anhänger oft mit zurückgeworfenen Köpfen in einer ekstatischen Pose bei ihrer Lieblingsbeschäftigung, dem Schaukeln, dargestellt. Schaukeln ist symbolisch für das Schweben zwischen zwei Welten. Diese Transzendenz ist das Kennzeichen für Dionysos und für das, worauf das dionysische Ritual abzielt. Nikos Kazantzakis hat das in *Rechenschaft vor El Greco* sehr schön formuliert:

Etwas sehr Vielfältiges und Tragisches ist die griechische Ruhe: Gleichgewicht nach wilden, sich bekämpfenden, sich schließlich aussöhnenden Kräften, die, wie es ein byzantinischer Mystiker ausdrückt, zur Mühelosigkeit, nämlich zum Gipfel des Bemühens gelangten.[21]

Bei den alten dionysischen Schwelgereien war Betrunkenheit nicht erlaubt, denn man mußte wach und bewußt sein, um den bösen Geistern zu entrinnen, die sich zugleich mit dem

Aroma des Weines einstellten. Die Gottesverehrer nippten den Wein in dem vollen Bewußtsein, daß er der Gott war; und indem sie den Wein in ihren Körper aufnahmen, empfingen sie zugleich in ihrem Geist die göttliche Ekstase.

Heute jedoch haben wir all das vergessen. Unsere Vorbilder sind nicht mehr die Götter, sondern die Technologie. Wir sprechen von »der Maschine Mensch«, »kybernetischen Denkmodellen« und sogar von einer »künstlichen Intelligenz«. Mit diesen Bildern haben wir uns vom Reich des Irrationalen abgewandt, und geblieben ist uns nur unsere Rationalität. Die Hälfte unserer potentiellen Realität bleibt unausgelebt.

Einige der alten dionysischen Rituale haben in Amerika überlebt, aber eher als kuriose Relikte und Vorwände für Parties. »Halloween« ist zum Beispiel ein solches Überbleibsel eines alten dionysischen Rituals. Die Kirche rationalisiert »Halloween« als letztes Über-die-Stränge-schlagen des Bösen vor dem folgenden Tag, Allerheiligen, an dem die Seelen der Gläubigen geachtet, geehrt und geschätzt werden. Aber die frühere Bedeutung von »Halloween«, »All Hallow's Evening« (der Abend aller Heiligen, Anm.d.Ü.), lag darin, das ekstatische, dionysische, ja selbst dämonische Element des Lebens Rücken an Rücken mit dem Allerheiligentag zu ehren. Dieser Akt des Ausgleichs ermöglichte erst das »Gute«, denn das, was als »das Böse« bezeichnet wurde, wurde ebenfalls geachtet.

Das gleiche gilt für Fasnacht. Die französische Bezeichnung für Fasnacht, *mardi gras*, bedeutet »fetter Dienstag« – der Dienstag vor Beginn der Fastenzeit, die mit dem Aschermittwoch beginnt. Das fröhliche, ekstatische, dionysische Element des Lebens wird geachtet, damit der Aschermittwoch, ein Tag der Buße, der Enthaltsamkeit und des Fastens, seinen eigenen Wert erhält. Bis zum zwölften Jahrhundert wurde an Fasnacht selbst den Mönchen erlaubt, ihre Klöster zu verlassen. Und solange sie sich zur ersten Messe am Aschermittwoch wieder im Kloster einfanden, stellte man ihnen keinerlei Fragen.

Wir haben Dionysos in unserer Zeit aus der Religion nicht vollkommen ausgeschlossen. Einige Züge der Wiederkehr des Dionysos können zum Beispiel in den charismatischen religiösen Gruppen sämtlicher Glaubensrichtungen beobachtet werden, die sich in den letzten Jahrzehnten gebildet haben. Die Quäker, die wir für ruhig und gelassen halten, sind in Wirklichkeit Überbleibsel einer dionysischen Organisation in unserer Gesellschaft. Die ersten Gruppen wurden Quäker genannt, weil deren Mitglieder in ihrer religiösen Ekstase, die zentraler Bestandteil ihres Gottesdienstes war, erbebten (das englische »to quake« heißt erbeben, Anm.d.Ü.). Ihre Körper begannen zu zittern, und sie wurden erfüllt vom Geist.

In Neuengland war eine Gruppe mit Namen Shaker bis in die dreißiger Jahre dieses Jahrhunderts noch sehr wohl in lebendiger Erinnerung. Tatsächlich waren Anfang 1987 noch zwei ihrer Mitglieder am Leben. Wir erinnern uns an sie vor allem wegen ihrer Möbel – erstklassige, einfache Handarbeit von dauerhafter Schönheit und Haltbarkeit, die ihren tiefen Glauben an Gott spiegelte. Tatsächlich waren die Shaker eine weitere Gruppierung, die Dionysos Ausdruck verlieh. Sie waren eine Art klösterlicher Organisation von Männern und Frauen, die getrennt voneinander lebten und niemals heirateten. Ihre religiöse Zeremonie bestand in einem nächtlichen Tanz, Rundtanz genannt. Die Männer gingen im Uhrzeigersinn im Kreis und die Frauen gegen den Uhrzeigersinn, bis sie sich in eine religiöse Leidenschaft tanzten und zitterten und bebten – daher der Name Shaker (»to shake« heißt ebenfalls beben, sich schütteln, Anm.d.Ü.).

In diesen modernen Ritualen lebt Dionysos fort. Wir müssen keinen »dionysischen Kult« begründen, bei dem Ziegen in Stücke gerissen werden, um dem ekstatischen Prinzip Ausdruck zu verleihen. Die Traditionen, die uns überliefert wurden, waren für die Kulturen, denen sie ursprünglich dienten, richtig und sinnvoll, für Menschen, die ohne Vorbehalte an die Realität von Engeln und das göttliche Recht der Könige glaubten. Aber allein die Tatsache, daß wir uns mit einigen dieser Bilder und Glaubensrichtungen unwohl fühlen, bedeutet, daß wir einen zeitgenössischen Rahmen für sie finden müssen, der für uns ebenso gültig ist, wie die früheren Strukturen es für die Menschen in der Vergangenheit waren. In der mittelalterlichen Tradition der Kirche hieß es, die Kirche müsse sich verändern, um sie selbst zu bleiben. Das gibt uns freie Bahn, neue Wege zu finden, um dem Alten treu zu bleiben.

Unsere eigenen Rituale schaffen

Eine alte jüdische Geschichte, die mich tief berührt, illustriert die Tatsache, daß wir nicht von existierenden Strukturen abhängig sind, um uns im Ritual kraftvoll ausdrücken zu können.

Es war einmal eine Zeit, da gab es ein großes traditionelles Ritual zum inneren Schutz und zur inneren Stärkung der Menschen. Der Rabbi und sämtliche Mitglieder der Gemeinde gingen an einem bestimmten Tag zu einem bestimmten Baum in einem bestimmten Wald an einem bestimmten Ort und führten ein Ritual durch, dessen Ablauf genauestens festgelegt war. Dann, so geht die Geschichte weiter, kamen schreckliche Zeiten. Eine ganze Generation wurde auseinandergetrieben, und das Ritual geriet in Vergessenheit.
Als die Dinge wieder besser liefen, erinnerte sich jemand daran, daß es ein altes Ritual zum Schutz und zur Stärkung gab, aber er konnte sich nur an den allgemeinen Ablauf erinnern. Der Rabbi und das Volk gingen in den Wald, aber sie hatten vergessen, welcher Baum genau der richtige war. Also wählten sie einen Baum

und führten das Ritual so gut durch, wie sie es vermochten. Und es war für alle zufriedenstellend.

Dann kamen noch mehr schlechte Zeiten, wodurch eine weitere Generation von dem Ritual ausgeschlossen wurde. Irgend jemand erinnerte sich daran, daß ihre Vorfahren in den alten Zeiten in den Wald gegangen waren und dort irgend etwas getan hatten. Also gingen der Rabbi und das Volk in den Wald hinaus und erfanden ein Ritual. Und es stellte sie zufrieden.

Und dann kamen weitere schlechte Zeiten, und noch sehr viel mehr Wissen ging verloren. Die Menschen erinnerten sich daran, daß ihre Vorfahren in den guten alten Zeiten dieses oder jenes getan hatten, aber sie wußten nicht mehr, wann, was und wo. Also gingen sie einfach los und taten, was sie konnten. Und waren damit zufrieden.

Und dann kamen noch mehr harte Zeiten, und alles ging verloren bis auf die vage Erinnerung, daß in den alten Zeiten irgend jemand irgend etwas getan hatte. Also ging die neue Generation los und improvisierte und tat ihr Bestes, damit ihr neues Ritual zum Schutz und zur Stärkung des Volkes gelang. Und sie waren es zufrieden.

Die Moral dieser Geschichte ist klar: Ganz gleich, was Sie tun, und ob Sie es »richtig« oder »falsch« tun, solange Sie bewußt dabei vorgehen und nach bestem Wissen handeln, wird es zufriedenstellend sein. Das macht das Wesen eines Rituals aus.

Kunst als Ritual

Wir haben *sinnenfroh* definiert als »das Leben des Geistes, wie es sich durch die Sinne darstellt«. Das ist die Welt der Maler und Poeten, und das ist auch die Welt des Dionysos, dessen Lehrerinnen die Musen waren. Durch Kunstwerke können wir einen Schimmer des Geistes erhaschen.

Wie durch Rituale und Zeremonien können wir auch durch die Kunst die Seiten von uns ausleben, die keinem praktischen Zweck dienen. In diesem Sinne stellt sowohl die Kunst als auch das Ritual die paradoxe Möglichkeit dar, etwas zu tun, ohne es zu tun. Wir befriedigen den inneren Drang, ohne äußeren Schaden anzurichten.

Unsere Kultur und die Werte, die sie uns vermittelt, fordern von uns, daß wir das gröbere dionysische Element aufgeben, indem wir ihm eine äußere Form verleihen. Deswegen finden moderne Menschen das dionysische Element so ausgeprägt in den subtilen Formen der Kunst, des Rituals oder der Zeremonie vor. Unsere disziplinierten westlichen Geisteskräfte wären tot, trocken und farblos, wenn sie nicht auch dionysische Elemente enthielten. Sehr oft ist dieser »passive Genuß« – Bilder betrachten, Musik anhören, ins Kino gehen und anderes mehr – für uns die einzige Möglichkeit, uns an diesen verfeinerten dionysischen Ausdrucksformen zu erfreuen – und Gott sei gedankt dafür, daß es sie gibt!

Die schönen Künste sind für die Menschheit immer eine Quelle des Rituals gewesen, eine Möglichkeit, das Unsagbare auszudrücken. Tatsächlich haben wir die »Kunst« erst vor relativ kurzer Zeit von den restlichen Formen menschlichen Ausdrucks abgespalten. Viele alte Kulturen bildeten eine wirkliche spirituelle Einheit. Was wir als deren Kunst zu betrachten gelernt haben – dekorative Töpferei, Skulpturen, Opfergaben, Gemälde, Behausungen und selbst Waffen – war für sie eine Fortsetzung und ein Ausdruck der spirituellen Dimension, die sie ohne Frage als integralen Bestandteil des Lebens akzeptierten.

Theater und religiöser Ausdruck sind eng miteinander verwandt. Wir haben gesehen, wie die Feierlichkeiten für Dionysos zur Entstehung des klassischen griechischen Theaters geführt haben. Auf ähnliche Weise waren die christlichen Mysterienspiele Vorläufer für das westliche Theater. Das Wort »profan«, das für uns den Beigeschmack von blasphemisch hat, bedeutete ursprünglich »Portal der Kirche«. Wenn Dramen sehr innerlicher Natur waren, wurden sie in der Kirche nahe dem Altar aufgeführt: Das war der Gottesdienst. Wenn ein Spiel, ein Drama oder ein Ritual hingegen für die Öffentlichkeit bestimmt war, fand es unter dem Portal der Kirche statt, um für die Masse draußen sichtbar zu sein. Der polnische Regisseur Jerzy Grotowski sagte einmal:

Als das Theater noch Teil der Religion war, war es schon Theater: es setzte die geistige Energie der Gemeinde oder des Stammes frei, indem es sich den Mythos einverleibte und ihn profanierte, oder vielmehr ihn überschritt. Auf diese Weise erlangte der Zuschauer ein erneuertes Bewußtsein von seiner persönlichen Wahrheit durch die Wahrheit des Mythos, und durch Angst und ein Gefühl von Heiligkeit kam er zur Katharsis.[22]

George Bernard Shaw sagte einmal, daß »die schönen Künste neben der Folter unsere einzigen Lehrmeister sind«. Ich würde dem noch hinzufügen, daß die Dinge, die in unserem Leben als Symptome auftauchen – und die sicherlich eine Art von Folter für uns sind –, durch Künste wie die Malerei, Bildhauerei, Poesie, Schauspiel und Film rituell ausgedrückt werden können.

Eine der großen dionysischen Strömungen zeigt sich in unserer Kultur in der Faszination, die die Südseeinseln auf uns ausüben. Fast jeder Mensch in unserer technologischen Kultur hat Südseeinsel-Phantasien, und diese haben ihrem Wesen nach einen deutlich dionysischen Charakter. Die Bilder von Paul Gauguin, einem französischen Maler der Jahrhundertwende, stellen für viele Menschen Ausdruck und Verkörperung der dionysischen Dimension dar, die auch den Maler fesselte.

Gauguin, ein erfolgreicher Börsenmakler, war jahrelang ein frustrierter Sonntagsmaler gewesen. Eines Tages gab er Beruf und Familie auf und ging tatsächlich in die Südsee, wo er zahlreiche sinnliche, farbenprächtige Bilder von den üppigen Inselbewohnerinnen malte, Bilder, die heute als Meisterwerke der modernen Kunst gelten.

Gauguin ging in die Südsee, weil er auf der Suche nach einem Paradies war, fand aber statt dessen eine persönliche Hölle. Sein Leben war ein elendes Durcheinander, und er starb in Tahiti an Syphilis. Aber – und das ist der wichtige Teil der Geschichte – er *malte* ein Paradies, und mit Hilfe seiner Kunst, seines Rituals, fand er das Paradies, nach dem er suchte. Und wenn wir seine Bilder betrachten, vermitteln sie auch uns etwas von dieser dionysischen Qualität, und wir fühlen uns neu belebt.

Unsere eigenen dionysischen Rituale feiern

Nachdem wir jetzt etwas über das transformierende Wesen des Rituals erfahren haben, werden wir sehen, wie wir das Ritual – und vor allem das dionysische Ritual – in unser eigenes Leben einbringen und dieses dadurch bereichern und intensiver leben können.

Grundregeln

Ich möchte Sie bitten, sich die folgenden Grundregeln durchzulesen, bevor Sie sich in irgendeiner Form aktiv auf ein Ritual einlassen:

1. *Tun Sie nichts, was andere verletzen könnte,* weder direkt noch indirekt. Wenn Sie Rituale durchführen, setzen Sie mächtige psychologische Energien frei, und es ist äußerst lohnenswert, mit diesen Energien einen guten und konstruktiven Zweck anzustreben.
2. *Gehen Sie mit sich und anderen respektvoll und höflich um.*
3. *Provozieren Sie keine Konfrontation und kein Drama.* Beides ist seinem Wesen nach eher Inflation als Enthusiasmus

und kein guter Umgang mit Ritualen. Sie werden auf diese Weise nicht zu produktiven Ergebnissen gelangen.

4. *Übernehmen Sie selbst Verantwortung für die dionysische Qualität.* Die dionysische Ekstase steht Ihnen zur Verfügung, damit Sie sie kanalisieren und vermenschlichen. Nutzen Sie sie, um positive, lebendige Energie zu schaffen.

Anfangen

Vielen von uns fällt es sehr schwer, mit einem Ritual anzufangen. Das Ritual gehört so selten zu unserem täglichen Leben, daß es uns peinlich sein kann, daran teilzunehmen – auch wenn es sich um eine Zeremonie handelt, die uns vertraut ist, wie eine Hochzeit zum Beispiel. Das trifft besonders dann zu, wenn das Ritual, das wir durchführen, unsere eigene Schöpfung ist. Wir können dann leicht denken, daß die ganze Idee von einem Ritual dumm ist und dabei wirklich nichts herauskommen kann. Aber eine Zeremonie und ihre Auswirkungen sind etwas sehr Reales. Don Quichotte bemerkte einmal, daß er auf der Suche nach Brot sei, das »besser ist als Weizen« – was sich auf die Hostie bezog. Die Zeremonie ist in einem tieferen Sinne »wirklicher als die Wirklichkeit«, so wie auch die Hostie auf einer tieferen Ebene realer ist als Weizen.

Eine Zeremonie ist ein bewußtes Ereignis. Selbst die kleinste Handlung kann zu einem mächtigen Ritual werden. Eine Handlung, die mit symbolischer Absicht durchgeführt wird, bringt einen Austausch zwischen dem Bewußten und dem Unbewußten in Gang, der es uns ermöglicht, einen Schritt in Richtung auf unsere Ganzheit zu tun. Dieser Austausch kann in zweierlei Richtungen verlaufen: Eine bewußt durchgeführte Handlung bewirkt eine tiefe psychologische Veränderung. Eine rituelle Handlung, die aus einer veränderten unbewußten Einstellung entspringt, wird sich in einer Veränderung unserer bewußten Haltung niederschlagen.

Psychologisch gesehen ist ein Ritual ein symbolisches Verhalten. Glauben Sie bitte nicht, Sie müßten sich an wilden, mitternächtlichen Ausschweifungen beteiligen, um ein dionysisches Ritual zu schaffen – das ist nämlich nicht der Fall. Jung schrieb dazu warnend:

Dieser Gefahr begegneten die heidnischen Religionen dadurch, daß die Rauschekstase im Kult ihren Platz hatte. Heraklit sah wohl dahinter, als er sagte: »Es ist der Hades, dem sie rasen und Feste feiern«. Aus diesem Grunde eben erhielt der Orgiasmus die kultische Lizenz, um die vom Hades drohende Gefahr zu bannen. Unsere Lösung aber hat es vermocht, die Tore des Hades weit aufzureißen.[23]

Ich stecke in einem fürchterlichen Dilemma, denn obwohl ich öffentliche Zeremonien nachdrücklich respektiere und befürworte, kann ich es jedoch meistens nicht ausstehen, an diesen Dingen selbst teilzunehmen! Ich habe den Verdacht, daß es vielen Menschen so geht wie mir. So lernen wir Rituale durchzuführen, die auf unserem persönlichen Ausdruck beruhen. Wenn Sie aber das Glück haben, sich bei alten Ritualen oder einigen der neuen kollektiven Erfahrungen wohlzufühlen, ist das natürlich eine ausgezeichnete Möglichkeit für Sie, der ekstatischen Dimension Ausdruck zu verleihen.

Rituale persönlich gestalten:
Mit bewußter Absicht tiefe Veränderungen bewirken

Wir modernen Menschen müssen unsere Rituale genau auf die Situation zuschneiden, in der wir uns befinden. So möchten Sie vielleicht etwas mitteilen, ohne es auf direktem Wege tun zu können – Ihre tiefe Liebe für den Gatten Ihrer besten

Freundin zum Beispiel. Ihre Liebe kann sich in diesem Fall nicht äußerlich manifestieren, weil das in mehrerer Hinsicht destruktiv wäre. Sie können jedoch den Ausdruck Ihrer Liebe ritualisieren, indem Sie diesem Menschen ein Geschenk machen oder, sollte auch das nicht möglich sein, jemandem etwas schenken, den Sie zum Symbol für die geliebte Person bestimmen. Wenn Sie das Geschenk mit Ihrer Liebe ausstatten, werden Sie diese rituell zum Ausdruck bringen, indem Sie es symbolisch überreichen. Sie würden überrascht feststellen, daß Ihnen schon nach einer so kleinen Zeremonie bedeutend leichter ums Herz ist!

Das Ritual kann uns von Dingen befreien, die für uns zur Besessenheit geworden sind und uns absolut nicht gut tun. Ich kannte einen Mann, der verzweifelt gern eine Meile in vier Minuten laufen wollte, es aber einfach nicht schaffte. Je mehr er sich anstrengte, desto schlimmer wurde es, und er mußte sogar feststellen, daß er aufgrund seiner Bemühungen langsamer wurde. Die unerreichbare Meile war zu seinem Feind geworden, und schließlich sah es so aus, daß sein Ziel immer weiter von ihm wegrückte, je angestrengter er lief. Das Laufen war zu einer zermürbenden Pflicht geworden, die überhaupt nichts Lustvolles mehr an sich hatte.

Ich schlug ihm vor, die Meile, statt ärgerlich auf sie zu werden, mit einer einfachen Geste zu ehren – nämlich indem er um den Häuserblock spazierte. Das Bild der Vier-Minuten-Meile vor Augen und in dem Gefühl, er sei diese Strecke tatsächlich gelaufen, ging er mit wachem Bewußtsein einmal um den Block. Anschließend stellte er fest, daß er seine Besessenheit losgelassen und sein Ziel auf einer tieferen Ebene erreicht hatte. Später war er mit neuem Elan und sehr viel weniger Anstrengung tatsächlich in der Lage, gut und voller Freude zu laufen.

Laufen ist wie sämtliche Sportarten tatsächlich eine natürliche dionysische Aktivität. Wir alle haben schon einmal vom

Hochgefühl des Läufers gehört, von der Euphorie, die beim Läufer aufkommt, wenn er seine persönliche »Schallmauer« durchbrochen hat. Das ist eine wunderbare Möglichkeit, die freudige dionysische Energie zu wecken. Wer sich sportlich nicht betätigen kann, dem kann es auch wohltun, andere dabei zu beobachten. Fußball- und Baseballspiele setzen mit Sicherheit sehr viel unterdrückte dionysische Energie frei, und die Olympischen Spiele – denen annähernd 40 Prozent der Weltbevölkerung am Fernsehschirm zugeschaut hat – sind eine große, vereinigende Kraft. Wenn Sie Sport ausüben und dabei ein gewisses Bewußtsein des rituellen Aspektes haben, können Sie sowohl psychologisch als auch physisch große Sprünge machen!

Rituale können auch als eine Quelle dienen, die uns spirituell neu belebt. Eines Tages war ich vor einem Vortrag so tief in meine Sorgen darüber verwickelt, was ich sagen sollte, daß ich keine Energie mehr für den Vortrag selbst hatte. Eine kluge Freundin, die an jenem Tag bei mir war, gab mir einen ausgezeichneten Rat, wie ich die dionysische Energie wecken konnte, die ich so bitter nötig hatte. Sie sagte mir, ich solle in dem Bewußtsein, Dionysos damit zu ehren, ein dickes Handtuch zu einem Ball zusammenrollen und mit aller Kraft auf den Boden werfen. Nachdem ich das fünf Minuten lang getan hatte, begannen meine Augen zu strahlen, und der Vortrag wurde sehr anregend.

Unbewußte Bilder ritualisieren:
Durch Bilder aus Träumen oder der aktiven Imagination Verhalten verändern

Nachdem wir jetzt gesehen haben, wie wir mit bewußter Absicht auf der unbewußten Ebene Veränderungen bewirken können, wollen wir uns anschauen, wie wir zwecks positiver Verhaltensänderungen Rituale schaffen können, die auf unbewußtem Material beruhen. Die Bilder für diese Rituale können über die aktive Imagination oder die Traumarbeit zu uns kommen:

– Aktive Imagination:
Erinnern Sie sich noch an die Frau, die angewiesen wurde, Dionysos Ausdruck zu verleihen, indem sie auf- und absprang, dabei die Hände über den Kopf warf und so laut schrie, wie sie konnte? Das ist ein Beispiel für ein Ritual, das während der aktiven Imagination spontan auftaucht. Solche Rituale entspringen dem Unbewußten, und wir sind oft überrascht, wieviel Kraft und Energie darin steckt. Unsere archetypischen Bilder haben ein viel tiefer gehendes Verständnis von Ritualen, als es unserem bewußten Verstand jemals möglich wäre. Deswegen können wir uns vertrauensvoll an diese Bilder wenden, damit sie uns Anweisungen für geeignete Zeremonien geben.

– Träume:
Wir können auch aus unseren Träumen ritualisierte Handlungen gewinnen. Wenn wir symbolische Traumbilder in konkrete Handlungen umsetzen, sind wir oft plötzlich imstande, die manchmal verwirrenden archetypischen Botschaften zu verstehen. In der folgenden Geschichte geht es um eine Frau, die zunächst ihr Traumbild unbewußt ritualisierte und später lernte, diesen Vorgang bewußt durchzuführen und damit den dionysischen Ausdruck besser zu verstehen.
Diese Frau hatte sehr intensiv mit ihren Träumen gearbeitet und irgendwo gelesen, daß eine gute Methode, sich im Wachzustand freier zu fühlen, darin besteht, sich selbst im Traum das Fliegen beizubringen. Fliegen ist ein Symbol für freies Gleiten, und im Traum zu fliegen kann sehr belebend sein.

Sie sagte sich also jeden Abend, bevor sie schlafen ging: »Heute nacht werde ich fliegen lernen.« Und jede Nacht befand sie sich in ihren Träumen auf einer weiten Ebene, bereit zum Fliegen, aber sie konnte einfach nicht vom Boden abheben. Sie sprang hoch und flatterte mit den Armen, aber nichts geschah. Schließlich fand sie heraus, daß sie nur dann weiterkam, wenn sie mit ihren Armen Schwimmbewegungen machte. So kam sie vom Boden hoch und konnte auf rudimentäre Weise fliegen. Das war nicht genauso, wie sie sich das Gleiten des Geistes vorgestellt hatte, aber es war das beste, was sie erreichen konnte.

Eines Tages überzeugte ein Freund sie davon, daß das Schwimmen, das sie nie besonders gern gemocht hatte, ein wundervoller Sport für sie wäre. Wochenlang konnte sie im Schwimmbecken gerade einmal hin- und herschwimmen. Aber eines Tages stellte sie fest, daß sie ganz mühelos schwamm. Die Erinnerung an ihren Traum durchflutete sie, das Schwimmen und das Fliegen schienen miteinander zu verschmelzen, und sie verspürte eine überwältigende Freude. Ihr unbewußtes Selbst hatte ihrem Ich über den Traum mitgeteilt, daß das Schwimmen für sie der Weg zu einer Freisetzung ihrer Spiritualität sein würde. Obgleich sie ohne bewußte Absicht mit dem Schwimmen anfing, setzte sie das Traumbild tatsächlich in eine konkrete Handlung um. Jetzt geht sie an das Schwimmen in dem vollen Bewußtsein heran, daß es eine Verbindung zur dionysischen Erfahrung darstellt und noch eine zusätzliche Dimension gewonnen hat: Für sie ist das Schwimmen zu einer Brücke geworden, die die zwei Welten miteinander verbindet.

– Aus dem Familienkrach ein Ritual machen:
Wir wollen uns einmal anschauen, wie wir Familienkräche ritualisieren können. Wenn wir diesem Anima-Animus-Tauziehen ein Ende bereiten, tun wir viel zu einer Wiederverei-

nigung der göttlichen Androgynität und kommen dem dionysischen Ideal, das uns nährt, näher.

Ich kannte einmal ein junges Paar, beide waren gute Menschen und voller Energie, aber sie waren in Schwierigkeiten. Der Mann suchte mich eines Tages auf und sagte: »Ich bin wirklich mit meinem Latein am Ende. Jedes Wochenende haben meine Frau und ich den fürchterlichsten Krach. Wir fangen Samstagmorgen damit an und zanken uns endlos weiter, schreien uns an und sagen uns schreckliche Dinge. Am Sonntag beginnt sie pünktlich am Spätnachmittag Teller nach mir zu werfen, und ich stürme aus dem Haus – weil ich weiß, wenn ich bliebe, würde ich sie verprügeln.

Ich habe solche Schuldgefühle und weiß nicht, was ich tun soll. Es ist barbarisch. Ich möchte so nicht leben, und sie möchte das auch nicht. Aber wir können offensichtlich nicht an uns halten.«

Für mich wies ihr Streit sämtliche Elemente eines Rituals auf, wenn auch keines sehr konstruktiven! Ich sagte also zu ihm: »Warum versuchen Sie nicht, am Samstagmorgen einen rituellen Kampf zu machen und schauen dann, was passiert?« Er sah mich skeptisch an, war aber einverstanden, einen Versuch zu machen.

Am nächsten Samstagmorgen war ihnen zwar etwas peinlich zumute, aber da sie entschlossen waren, mit ihren Streitereien aufzuhören, begannen sie mit ihrem Ritual. Sie standen in der Mitte des Schlafzimmers und verbeugten sich voreinander, ähnlich wie die Gegner eines Judokampfes es tun. Sie tauschten ihre Meinungen unter Einhaltung strikter und höchst formaler Regeln von Höflichkeit und Respekt aus. Jeder der beiden hatte die Freiheit, alles zu sagen, was er zu sagen wünschte, solange er diese Regeln einhielt. Als sie das Gefühl hatten, daß es nichts mehr zu sagen gab, stellten sie sich wieder in die Mitte des Zimmers, verbeugten sich voreinander und beendeten den Austausch förmlich. Auf diese

Weise wurde der Streit symbolisch auf den zeremoniellen Kreis beschränkt und griff nicht auf das Alltagsleben über.

Der Ehemann suchte mich später wieder auf und sagte: »Es ist wirklich unglaublich! Ich verstehe das zwar nicht, aber es funktioniert. Wir sind Samstagmorgen früh aufgestanden, hatten unseren rituellen Streit und haben dann ein idyllisches Wochenende verbracht.«

Ich entgegnete: »Sie haben das Ritual entdeckt. Sie haben dem Gott Tribut gezollt, und der Rest des Wochenendes gehörte Ihnen. Sie haben im dionysischen Element in seiner gröbsten, ungehobeltsten und am wenigsten intelligenten Form den Stoff für das Wunder entdeckt, seine Transformation in Ekstase und Freude.«

Epilog

Was ist Freude?
Wir können, wie es im Wörterbuch heißt, sagen, daß Freude
»ein Jubel des Geistes ist, die Glückseligkeit des Paradieses«.
Wir können sagen, daß Freude, anders als der flüchtige Zustand des Glückes, ein bleibender Wert ist, der sowohl den
Geist als auch den Körper nährt und am Leben erhält. Freude
ruft kein Verlangen nach mehr hervor, weil sie sich selbst
genug ist.
Im Grunde können wir jedoch nicht sagen, was Freude ist.
Wir müssen einen Schritt weiter gehen und ihr wahres Wesen
selbst entdecken. Wenn wir mit dem dionysischen Element
Frieden schließen können, werden wir allmählich den Glanz
der Ekstase sehen, die jedes lebendige Wesen beseelt. Und
aus den feurigen Strahlen der Ekstase kann die Freude in
uns geboren werden.

Dank

Jedes Buch verdankt seine Entstehung den Bemühungen der Menschen, die den Autor unterstützen. In meinem Fall waren es vor allem drei Menschen, die bestimmte Aufgaben übernahmen, welche die Fertigstellung dieser Arbeit ermöglichten. Victor Shupp, mit dem ich viele Gespräche über dieses Thema führte, half mir, Klarheit in meine Gedanken und meine Gefühle zu bringen. Roy M. Carlisle, mein Herausgeber beim Verlag Harper & Row in San Francisco, half mir – wie schon bei meinen beiden früheren Büchern *Traumvorstellung Liebe* und *Inner Work* – bei Aufbau und Strukturierung dieses Buches. Außerdem machte er mich mit Naomi Lucks bekannt, die mir mit ihren schriftstellerischen Fähigkeiten half, die Rohfassungen dieses Buches in eine endgültige Form zu bringen. Sie ging auch bestimmte Punkte meiner Forschungen zum Mythos des Dionysos und meines begleitenden Kommentars gründlich durch.

Zahlreiche weitere Freunde und Bekannte, die ich hier nicht im einzelnen aufführen kann, haben mir bei verschiedenen Tagungen und Vorträgen zu Einsichten verholfen. Ihnen allen, Victor, Roy und Naomi eingeschlossen, gilt mein herzlicher Dank.

Anmerkungen

1   C.G. Jung: *Erinnerungen, Träume, Gedanken.* (Hrsg. von Aniela Jaffé). Olten/Freiburg i.Br.: Walter 1984, Sermo IV, S. 395.

2   Robert A. Johnson: *Der Mann. Die Frau. Auf dem Weg zu ihrem Selbst.* München: Droemer Knaur 1987.

3   Robert A. Johnson: *Traumvorstellung Liebe.* München: Droemer Knaur 1987.

4   Zitiert nach Anthony Storr: *The Essential Jung.* Princeton, N.J.: Princeton University Press 1983, S. 417.

5   Monica Sjöö und Barbara Mor: *Wiederkehr der Göttin. Die Religion der großen kosmischen Mutter und ihre Vertreibung durch den Vatergott.* Braunschweig: Labyrinth 1985, S. 175.

6   Die Geschichte des Dionysos wird seit Tausenden von Jahren erzählt, mit jeder Überlieferung entstanden natürlich Veränderungen.

7   Joan Didion: *Slouching Towards Bethlehem.* New York: Dell 1968, S. 120.

8   Fritjof Capra: *Das Tao der Physik.* Bern, München, Wien: Scherz 1984, S. 244.

9   Ezra Pound, zitiert nach Lawrence Russ: »The Whole and the Flowing«, Parabola, vol. VIII, no. 3 (August 1983), S. 83.

10   Marie-Louise von Franz: *Erlösungsmotive im Märchen.* München: Kösel 1986, S. 70f.

11   C.G. Jung: *Psychologische Betrachtungen* (Hrsg. Jolande Jacobi). Zürich: Rascher 1945, S. 389f.

12   Aus: Ajit Mookerjee: *Rituelle Kunst Indiens.* München: Kösel 1987.

13   Monica Sjöö und Barbara Mor: *Wiederkehr der Göttin.* A.a.O., S. 89.

14   Zitiert nach Anthony Storr: *The Essential Jung.* A.a.O., S. 415.

15   Persönliche Mitteilung, aus einem privaten Gespräch zwischen Robert A. Johnson und C.G. Jung.

16   C.G. Jung: *Psychologische Typen. Gesammelte Werke,* Bd.6. (Hrsg. M.Niehus, Jung u.a.) Olten & Freiburg: Walter 1971, S. 599.

17   Mehr über aktive Imagination, Traumarbeit und Rituale finden Sie in meinem Buch: *Inner Work* (San Francisco: Harper & Row, 1986).

18   C.G. Jung: »Die Syzygie: Anima und Animus«, *Aion, Gesammelte Werke,* Bd. 9/II,   39, S. 28.

19   Theophrastus Paracelsus: *Werke.* Besorgt von Will-Erich Peuckert. Basel/Stuttgart: Schwabe 1965.

20   Aus: »The Practice of the Presence of God« von Brother Lawrence of the Resurrection, übersetzt von Sister Mary David. Zitiert in *Parabola* vol. VIII, no.3 August 1982, S. 54.

21   Nikos Kazantzakis: *Rechenschaft vor El Greco.* Berlin: Herbig 1964, S. 164.

22   Jerzy Grotowski: *Für ein armes Theater.* Zürich & Schwäbisch Hall: Orell Füssli 1986, S. 18.

23   C.G. Jung: *Gesammelte Werke,* Bd. 12. A.a.O., S.171.

KÖSEL

Paul C. Boyesen / Hans-Georg Huber

Eigentlich möchte ich ...

Leben zwischen Wunsch und Wirklichkeit
222 Seiten. Kartoniert

Eigentlich möchte ich ... aber irgend etwas hindert mich immer. Warum fällt es uns so schwer, uns von alten Begrenzungen zu befreien und neuen Teilen von uns Leben zu geben?

Paul C. Boyesen und Hans-Georg Huber, zwei erfahrene und international bekannte Körperpsychotherapeuten, zeigen in diesem Buch: Wir sind es, die unsere Erfahrungen wählen! Wir schließen mit uns selbst Verträge, Lebensverträge, auf deren Basis wir unser Leben gestalten. Diese Verträge sind nicht nur mental wirksam, sondern auch auf körperlicher Ebene. Sie beeinflussen die Qualität unseres Lebens, unsere Arbeit und unsere Beziehungen.

Unsere Vergangenheit können wir zwar nicht verändern, aber – so die Autoren – die Erfahrung unserer Vergangenheit, um so eine neue Zukunft zu kreieren und den chronischen Kreislauf der Unzufriedenheit zu durchbrechen.

KÖSEL

Schöpfungsmythen
aus psychologischer Sicht

Marie-Louise von Franz
Schöpfungsmythen
Bilder der schöpferischen Kräfte
im Menschen
288 Seiten. Gebunden

Schöpfungsmythen können als die wichtigsten aller Mythen betrachtet werden: Die Motive, die in ihnen vorkommen, betreffen die grundlegenden Probleme des menschlichen Lebens. In diesem Buch deutet die bekannte Autorin Schöpfungsmythen aus psychologischer Sicht.

Das oft wenig bekannte mythologische Material verschiedenster Kulturkreise, das Marie-Louise von Franz hier in so großer Fülle zusammengetragen hat und sehr lebendig nacherzählt, macht dieses Buch zu einer äußerst anregenden Lektüre.